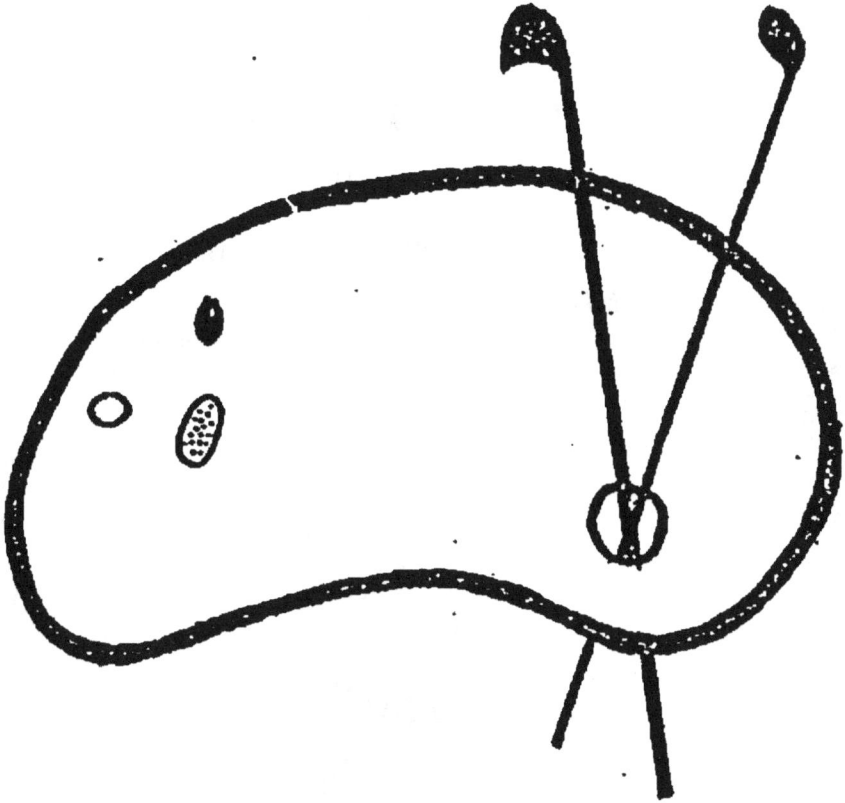

COUVERTURE SUPERIEURE ET INFERIEURE
EN COULEUR

PLATON.

PHÉDON

DIALOGUE

NOUVELLE TRADUCTION FRANÇAISE

PRÉCÉDÉE D'UNE INTRODUCTION ET D'UNE ANALYSE
ET ACCOMPAGNÉE D'APPRÉCIATIONS PHILOSOPHIQUES

Par L. CARRAU

PROFESSEUR DE PHILOSOPHIE
A LA FACULTÉ DES LETTRES DE BESANÇON.

PARIS

IMPRIMERIE ET LIBRAIRIE CLASSIQUES

Maison Jules DELALAIN et Fils

DELALAIN FRÈRES, Successeurs

56, RUE DES ÉCOLES.

Nouveau Cours de Philosophie, rédigé d'après le programme des lycées et celui des examens du baccalauréat, par M. H. Joly, professeur de philosophie à la faculté des lettres de Dijon : 4ᵉ édition ; 1 fort vol. in-12,   br. 4 f. 50 c.

Études sur les Ouvrages philosophiques de l'Enseignement classique, analyses, commentaires, appréciations, rédigées d'après le nouveau programme officiel des lycées et collèges et celui des examens du Baccalauréat, par M. H. Joly : 3ᵉ édition ; 1 vol. in-12,   br. 3 f.

———

Éditions des Ouvrages philosophiques

prescrits pour les examens du Baccalauréat, avec analyses et appréciations critiques.

Xénophon. *Mémoires de Socrate*, traduction française de Gail, revue par M. L. Gallais, professeur ; 1 vol. in-12, br. 1 f. 75 c.

Platon. *Phédon*, nouvelle traduction française par M. L. Carrau, professeur de philosophie à la faculté de Besançon ; in-12,   br. 1 f. 60 c.

Platon. *La République, septième livre*, nouvelle traduction française par M. L. Carrau ; in-12,   br. 1 f. 10 c.

Épictète. *Manuel*, nouvelle traduction française par M. H. Joly ; in-12,   br. 90 c.

Cicéron. *Traité des Devoirs*, nouvelle traduction française par M. H. Joly ; 1 vol. in-12,   br. 1 f. 60 c.

Cicéron. *Entretiens sur les vrais Biens et les vrais Maux, premier et deuxième livres*, traduction française de Regnier-Desmarais, revue par M. E. Talbot, professeur au lycée Fontanes ; in-12,   br. 1 f. 50 c.

Port-Royal (MM. de). *Logique*, édition revue par M. L. Barré, professeur de philosophie ; in-12,   br. 2 f. 50 c.

Descartes. *Discours de la Méthode*, édition revue par M. E. Lefranc, professeur agrégé du collège Rollin ; in-12, br. 90 c.

Pascal. *Opuscules philosophiques*, de l'Autorité en matière de philosophie, Entretien avec M. de Saci, etc., édition revue par M. F. Cadet, professeur de philosophie ; in-12, br. 75 c.

Bossuet. *Traité de la Connaissance de Dieu et de soi-même*, édition revue par M. E. Lefranc ; 1 vol. in-12, br. 1 f. 60 c.

Fénelon. *Traité de l'Existence de Dieu*, édition revue par M. E. Lefranc ; 1 vol. in-12,   br. 1 f. 60 c.

Leibniz. *Extraits des Essais de Théodicée*, édition revue par M. Th. Desdouits, professeur de philosophie au lycée de Versailles ; 1 vol. in-12,   br. 2 f. 50 c.

PHÉDON.

TRADUCTION FRANÇAISE.

PLATON.

PHÉDON

DIALOGUE

NOUVELLE TRADUCTION FRANÇAISE

PRÉCÉDÉE D'UNE INTRODUCTION ET D'UNE ANALYSE
ET ACCOMPAGNÉE D'APPRÉCIATIONS PHILOSOPHIQUES

Par L. CARRAU

PROFESSEUR DE PHILOSOPHIE
A LA FACULTÉ DES LETTRES DE BESANÇON.

1092

PARIS

IMPRIMERIE ET LIBRAIRIE CLASSIQUES

MAISON JULES DELALAIN ET FILS

DELALAIN FRÈRES, Successeurs

56, RUE DES ÉCOLES.

INTRODUCTION.

Platon naquit à Athènes ou à Égine, l'an 430 avant J. C.; il mourut en 347. L'époque où il vécut fut politiquement la plus malheureuse de l'histoire grecque : c'est le temps de la guerre du Péloponèse, des sanglantes rivalités d'Athènes, de Sparte, de Thèbes et de la Macédoine. Il est difficile néanmoins de sentir dans l'œuvre de Platon le contre-coup de ces malheurs publics, et peut-être faut-il attribuer en partie au découragement et à la tristesse que lui inspiraient les événements dont il était le témoin cette constante aspiration vers l'idéal qui est le caractère éminent de sa philosophie.

La famille de Platon était une des plus illustres d'Athènes. Son père Ariston descendait de Cadmus, et sa mère Périctione descendait elle-même d'un frère de Solon. L'enfance du grand philosophe fut, comme celle de tous les hommes illustres de l'antiquité, entourée de légendes : on racontait que des abeilles du mont Hymette avaient déposé leur miel dans sa bouche pendant qu'il était encore au berceau ; que la veille du jour où son père le présenta à Socrate, ce philosophe aurait vu un jeune cygne, s'élevant de l'autel consacré à l'Amour, venir se reposer dans son sein et s'envoler ensuite vers les cieux, charmant les dieux et les hommes par la douceur de son chant.

En raison de sa parenté avec les principaux citoyens d'Athènes, Platon eût pu facilement, s'il l'eût voulu, jouer un rôle politique; mais, outre que la faiblesse de sa voix le rendait impropre à haranguer le peuple, la direction de son esprit l'avait porté de bonne heure vers d'autres

occupations. Il se donna d'abord tout entier à la poésie; il
composa des poëmes épiques, des dithyrambes, et nous
avons conservé quelques épigrammes qui lui sont attri-
buées. On retrouve à chaque pas, dans son œuvre philosophique, les marques de cette prédilection de sa jeunesse.
Les *mythes* platoniciens sont souvent de véritables poëmes
en prose, et l'imagination qui les a conçus et composés
n'avait rien à envier à celle d'un Pindare ou d'un Eschyle.

Nous savons par Aristote qu'avant de connaître Socrate
Platon fréquenta le philosophe Cratyle, qui le mit au cou-
rant des théories sensualistes et matérialistes des Ioniens.
Diogène Laërce rapporte, d'autre part, qu'il fut initié de
bonne heure au panthéisme de Parménide; mais ce fut
Socrate qui exerça sur son génie l'influence principale et
décisive. Il avait vingt ans quand son père le présenta à ce
nouveau maître : dès ce jour, il ne le quitta plus. Lui-
même nous a laissé les témoignages les plus touchants de
l'amour que Socrate lui inspira : l'*Apologie*, le *Phédon*, le
Criton, le *Banquet*, sont les monuments immortels de cette
tendre et respectueuse amitié. Et ce qu'il y a de plus rare,
c'est qu'il n'a pas dépendu de Platon que la postérité ne
fît honneur au maître du génie de son disciple : dans
presque tous ses dialogues, Platon met dans la bouche de
Socrate l'exposition de ses doctrines, cherchant ainsi à
dissimuler derrière cette aimable autorité la profondeur
et les dimensions imposantes de ses propres conceptions.

Quand Socrate fut accusé, Platon, pénétré de douleur et
d'indignation, s'élança à la tribune pour le défendre; il ne
se retira que devant les menaces de la foule. Socrate mort,
Platon, avec d'autres socratiques, se réfugia à Mégare;
puis il alla, dit-on, à Cyrène, et commença une série de
voyages dont l'authenticité n'est pas toujours parfaitement
établie. Selon la légende, il aurait recueilli auprès des
prêtres d'Égypte les antiques et mystérieuses traditions
d'une science à laquelle avait déjà puisé Pythagore; il
serait ensuite allé en Phénicie, aurait appris des Hébreux
la connaissance du vrai Dieu et de la vraie loi, des Baby-
loniens l'astronomie, des Mages la doctrine de Zoroastre,
d'autres choses encore des Assyriens. Ce sont là les exagérations des historiens d'une époque postérieure : le nom
de Platon, grandissant à travers les siècles, apparaissait

aux écrivains de l'école d'Alexandrie comme le symbole
de toute science humaine et divine.

Il est possible, néanmoins, qu'il ait voyagé en Égypte;
mais on ne voit pas trop ce qu'il en aurait rapporté : ses
écrits font à peine mention des Égyptiens, et il ne paraît
pas avoir eu une bien haute idée de leur science. On lui
attribue, et avec plus de fondement, d'autres voyages en
Italie et en Sicile. En Italie, il visita les pythagoriciens et
s'imprégna fortement de leur esprit. Un de ses plus impor-
tants dialogues, le *Timée*, est tout pénétré de pythago-
risme. Il alla trois fois en Sicile : la première, ce fut pour
voir le volcan de l'Etna. Dans ce voyage, il fit la connaissance de Dion de Syracuse et de son beau-frère Denys le
Tyran, connu sous le nom de Denys l'Ancien. Sa philosophie fut médiocrement goûtée du tyran, qui l'accusa de
radoter; une réponse trop franche faillit lui coûter la vie.
Il fut vendu comme esclave : le philosophe Annicéris de
Cyrène l'acheta pour 20 mines (à peu près 1,840 francs)
et le renvoya généreusement à Athènes, sans vouloir recevoir le prix de sa rançon. Vingt ans plus tard, Platon fit
en Sicile un nouveau voyage : il était appelé par son ami
Dion de Syracuse pour faire l'éducation du nouveau tyran,
Denys le Jeune. Platon semble avoir été ici le jouet de nobles
illusions : il crut pouvoir, par son influence personnelle et
ses enseignements philosophiques, convertir à la sagesse le
maître de Syracuse; il espérait, en formant les mœurs du
prince, corriger celles des sujets et réaliser ainsi l'idéal
qu'avaient poursuivi les pythagoriciens et qui l'avait
séduit lui-même : un gouvernement fondé sur la vertu. Il
ne réussit pas : les dispositions vicieuses de Denys furent
les plus fortes; Platon, devenu suspect à la cour, dut
retourner à Athènes. Il revint une troisième fois en Sicile,
mais sans plus de succès; il se brouilla même tout à fait
avec Denys. Depuis cette époque, il paraît avoir vécu pai-
siblement dans son jardin de l'Académie, occupé de l'instruction de ses nombreux disciples et de la composition
de ses ouvrages.

Il mourut à quatre-vingt-deux ans. Ses dernières années
furent attristées par le spectacle d'une décadence crois-
sante, à laquelle il avait dès sa jeunesse désespéré de
porter remède. Athènes avait, en effet, perdu sa grandeur

politique, la démagogie était plus puissante et plus turbulente que jamais ; le joug de la Macédoine allait peser de
tout son poids sur une cité qui n'était plus digne d'être
libre.

Avant d'aborder l'exposition sommaire de la philosophie
de Platon, il nous faut dire quelques mots de ses ouvrages.
Par un heureux hasard, nous n'avons presque rien perdu
de ses nombreux écrits : il nous reste, sous le nom de
Platon, trente-quatre dialogues, dont quelques-uns ne sont
certainement pas de lui[1]. Il serait fort utile pour l'intelligence parfaite de la doctrine platonicienne de connaître
l'ordre dans lequel ils furent composés ; malheureuse-
ment, la plus grande incertitude règne à cet égard : nous
savons seulement que le *Lysis* fut écrit avant la mort de
Socrate, et que les *Lois* furent le dernier ouvrage de notre
philosophe.

Mais si, malgré les efforts de l'érudition allemande,
et en particulier de Schleiermacher, il est impossible de
déterminer la succession exacte des dialogues, il est permis
de marquer les caractères généraux qui les distinguent, et
de les rapporter, au moins approximativement, à certaines
époques qui correspondent aux évolutions principales de
la pensée platonicienne. A ce point de vue, on peut marquer trois périodes dans la vie intellectuelle de Platon : la
première s'étend jusqu'à la mort de Socrate, arrivée en
400 ; la seconde, de la mort de Socrate à la fondation de
l'Académie, vers 380 ; la troisième, de la fondation de
l'Académie à la mort de Platon, en 347.

A la première période on peut rapporter plusieurs dialogues qui, par certaines imperfections de composition,
trahissent encore la jeunesse, et qui d'ailleurs sont plus
manifestement que les autres imprégnés du pur esprit
socratique : tels sont le *Lysis*, le *Premier Alcibiade*, le
Charmide, le *Lachès* et peut-être le *Protagoras*.

Dans la deuxième période se fait sentir l'influence des
doctrines contraires de l'école d'Ionie et de l'école d'Élée ;

1. Ce sont : le *Démodocus*, le *Sisyphe*, la *Vertu*, l'*Hipparque*,
l'*Axiochus*, le *Juste*, le *Minos*, le *Théagès*, l'*Épinomis*, le *Clitophon*,
les *Amants*. Il faut y ajouter les *Lettres*, sauf la septième et la
neuvième, qui sont citées par Cicéron et paraissent authen-
tiques.

Platon laisse entrevoir son propre système, mais à travers les réfutations de ceux qu'il combat ou qu'il complète. Les principaux dialogues de cette époque sont le *Théétète*, le *Sophiste*, le *Philèbe*, le *Parménide*.

Enfin, dans la troisième période, la pensée platonicienne, parfaitement maîtresse d'elle-même, s'exprime d'une manière précise et dogmatique dans des œuvres capitales, telles que le *Phèdre*[1], le *Phédon*, le *Gorgias*, le *Banquet*, la *République*, le *Timée*, les *Lois*. C'est surtout à ces dialogues qu'il faut s'adresser pour connaître le véritable système de Platon.

II. *Coup d'œil général sur la philosophie de Platon.*

Nous n'avons pas la prétention, dans ce résumé, d'exposer, même sommairement, la philosophie entière de Platon; nous voudrions seulement rappeler les points nécessaires à l'intelligence du dialogue qui doit faire l'objet spécial de cette étude.

Le platonisme fut une synthèse harmonieuse, puissante, originale, des doctrines qui avaient précédé. On y trouve condensées en quelque sorte et transformées la philosophie des Ioniens, celle des Éléates et celle de Socrate; ajoutons que, sur la fin de sa vie, il paraît avoir incliné vers la doctrine des nombres pythagoriciens.

Les philosophes ioniens, en particulier Héraclite, avaient été vivement frappés de la mobilité universelle des phénomènes et des êtres sensibles. Tout s'écoule, disait Héraclite, rien ne demeure; le même homme ne se baigne pas deux fois dans le même fleuve. — Et de fait, s'il n'y a de réel que ce que nos sens peuvent saisir, rien n'est plus fuyant, plus inconsistant que ces apparences qui se poussent et se pressent, naissent et périssent, flots éphémères qui s'élèvent un instant à la surface de l'existence pour s'effacer ensuite et retomber dans le néant.

Cette doctrine de l'écoulement universel, Platon l'accepte et la fortifie même par de nouvelles preuves; mais,

1. Il serait possible néanmoins que le *Phèdre* fût une œuvre de jeunesse.

et c'est là ce qui le sépare profondément de l'école
ionienne, il ne l'applique qu'aux réalités sensibles. Tout
ce qui tombe sous les sens mérite à peine pour Platon le
nom d'*être* : c'est une existence bâtarde et trompeuse, une
ombre, un fantôme de réalité ; c'est quelque chose d'in-
termédiaire entre ce qui est véritablement et ce qui n'est
absolument pas ; c'est, pour parler comme lui, le *non-
être :* car le mot d'*être* ne convient qu'à ce qui est immuable et éternel , et non à ce qui devient, change et dispa-
raît.

Il y a plus, la réalité sensible, qui ne mérite pas le nom
d'être, n'est pas non plus objet de science ; car la science
doit être, comme la vérité qu'elle aspire à connaître,
immuable, nécessaire et éternelle. Il n'y a pas de science
des choses qui passent ; il n'y a pas de science du phénomène, du devenir, et la notion confuse que nous en avons
est à peine une *opinion*, incapable de se justifier, de se
prouver elle-même, et qui est à la science véritable ce que
le sommeil est à la veille, ce que sont les ténèbres à la
lumière du soleil.

Ainsi, d'après le principe d'Héraclite, il n'y a ni réalité
ni science. On le voit : si Platon adopte un instant l'Io-
nisme, c'est pour en montrer l'impossibilité et les contra-
dictions. C'est donc ailleurs et plus haut qu'il cherchera
les fondements de l'existence et de la pensée.

Dans la sphère obscure et tumultueuse des phénomènes,
quelque chose est constant : c'est l'ordre selon lequel ils se
succèdent, ce sont les rapports qui les unissent entre eux.
Saisir cet ordre, déterminer ces rapports, ce sera donc un
des objets de la science. Pareillement, si nous considérons
non plus les phénomènes, mais les êtres, nous verrons que,
dans la même espèce, ils reproduisent certains caractères
essentiels, certains types invariables. Ces caractères, ces
types, sont également objets de science, puisqu'ils ne passent ni ne changent, et se transmettent inaltérables d'un
individu à l'autre dans la série indéfinie des générations.
Ainsi, d'une part, recherche des lois ou expressions générales de l'ordre de l'univers et des rapports constants qui
unissent les phénomènes entre eux; d'autre part, détermination des types spécifiques qui impriment aux individus
d'un même genre certaines ressemblances fondamentales :

tel est pour Platon le premier objet de la philosophie. Pour l'atteindre, il faut déjà s'élever d'un degré au-dessus de la sphère où se jouent les apparences qui éblouissent la sensation.

Non-seulement ces rapports et ces types existent, mais ils sont plus réellement existants que les phénomènes et les êtres sensibles, puisqu'ils sont fixes, permanents, éternels. C'est là cet ordre de réalités purement intelligibles que, dans le langage platonicien, on appelle les *idées*.

Il importe de bien préciser le sens de ce mot. Dans notre langue psychologique moderne, on entend par *idée* une modification, un acte de l'esprit. Dans Platon, ce terme a un tout autre sens: il exprime, non pas l'acte de l'esprit qui connaît, mais l'objet même qui est connu; non pas ce qui est intérieur, mais, en quelque sorte, ce qui est extérieur, tout en étant purement intelligible. Ainsi l'idée de l'homme, c'est, pour Platon, le type idéal que reproduisent plus ou moins parfaitement tous les hommes. Pour parler comme les Allemands, l'*idée*, qui pour nous désigne quelque chose de *subjectif*, exprime, dans le langage platonicien, l'*objectif*, le réel, ce qui existe en soi.

Il y a des idées; sinon, la réalité et la science s'abîmeraient dans le néant. Les êtres sensibles n'existent que par une certaine participation à ces êtres intelligibles. L'homme, par exemple, n'est homme que parce qu'il manifeste les caractères essentiels et permanents de l'espèce : de même pour tous les êtres, quels qu'ils soient. L'*idée* est donc pour les êtres sensibles à la fois principe d'existence et principe de perfection.

Il existe une hiérarchie entre les idées : certaines idées expriment une perfection plus haute, et parmi ces dernières, trois surtout occupent une place éminente dans la métaphysique platonicienne : ce sont l'idée du Beau, l'idée du Juste, l'idée du Bien.

Mais pour déterminer l'existence, la nature et les caractères des idées, leur hiérarchie, leurs rapports, il faut une méthode : cette méthode, c'est la Dialectique. La dialectique, le mot lui-même l'indique (διαλέγομαι, raisonner à travers, parcourir par la pensée), consiste à s'élever des perceptions confuses, multiples, variables, qui frappent les sens, à la connaissance lumineuse et immuable des idées.

La dialectique a plusieurs procédés secondaires et, pour ainsi dire, plusieurs phases ou moments qu'il n'y a pas lieu de déterminer ici[1] ; mais, dans son essence, elle est la marche ascendante de l'esprit du monde sensible au monde intelligible ; elle dégage l'invariable du variable, l'éternel du transitoire, du multiple l'unité, et de l'imparfait le parfait.

Nous l'avons dit : les idées sont plusieurs, elles forment une hiérarchie. Or, la science a pour but suprême de ramener à l'unité toute multiplicité ; et, d'ailleurs, une hiérarchie suppose toujours un terme supérieur. Il doit donc y avoir une *idée* souveraine, principe absolu de toute existence comme de toute pensée.

Cette idée première, supérieure à toute existence, c'est l'idée du bien. Le *Bien*, voilà le nom véritable du Dieu de Platon. Mais le bien, source de toute perfection, est en même temps l'unité en soi ; car dans tout ce qui est multiple et divisible on peut dire que l'être et la perfection sont en quelque sorte dispersés. Le bien est donc aussi l'*un*, et l'on reconnaît là l'influence de la doctrine éléatique, le Dieu abstrait de Parménide.

Mais, tandis que le Dieu de Parménide reste immobile dans sa majesté solitaire, le Dieu de Platon est au contraire, dans ses rapports avec le monde, une providence toujours agissante. Le dialogue du *Timée* nous montre Dieu pétrissant de ses mains la matière qui doit former l'univers et faisant sortir du chaos un ensemble d'êtres plein de beauté et d'harmonie. Là, Platon s'est souvenu des Pythagoriciens et de Socrate, et ce grand principe des causes finales, proclamé par son maître, il le développe à son tour en termes magnifiques. C'est ainsi qu'il concilie dans la riche synthèse de sa théodicée toutes les doctrines incomplètes qui s'étaient produites avant lui.

Sur la question de l'origine du monde, la pensée de Platon est fort indécise. Dans le *Timée*, il admet l'existence d'une matière éternelle, *lieu* et *nourrice* du monde futur. Cette matière subit l'action ordonnatrice de la Providence, et le mouvement confus qui l'agite est peu à peu

---

1. Voir notre édition de la traduction du septième livre de la *République,* Introduction.

réglé par la souveraine sagesse du divin Ouvrier. Platon
reproduit donc dans ce qu'elle a d'essentiel la doctrine
d'Anaxagore; il admet l'existence coéternelle de deux principes : il est dualiste. Un seul texte fait exception : c'est
un passage du *Sophiste*[1] où Platon semble incliner vers
le dogme de la création.

Le monde, étant un ensemble harmonieusement ordonné
dans toutes ses parties, peut être comparé à un être vivant.
Voilà pourquoi Platon l'appelle un *animal* (Ζῶον). Le
principe du mouvement dans tout animal, c'est l'*âme*. Il y
a donc une âme du monde, âme sage, infatigable, éternelle, divine, dont les âmes humaines ne sont en quelque
sorte que des parcelles et des émanations.

La psychologie platonicienne est marquée d'un caractère
profondément spiritualiste et même mystique.

L'âme est éternelle; elle a existé avant cette vie, et cette
existence parfaite et heureuse se passait à contempler à la
suite des dieux la souveraine beauté des *idées*. Tombée dans
un corps terrestre, elle perd en partie la science divine
qu'elle possédait; elle se trouve enchaînée dans les liens
de la matière; elle se débat pour en sortir, et la philosophie seule peut préparer et accomplir sa délivrance. L'âme
humaine a trois facultés ou *parties* : c'est l'instinct ou le
désir (ἐπιθυμητικόν), qui la porte vers les objets sensibles,
la disperse dans la pluralité des impressions venues du
dehors, la rend esclave des plaisirs grossiers. L'instinct
peut être maîtrisé par le *courage* (θυμός), faculté noble et
généreuse, qui comprend à la fois les désirs élevés de
notre nature et la volonté. Enfin la *raison* (νοῦς), faculté
purement contemplative, principe de la pensée et de la
sagesse, gouverne la volonté, et par elle les instincts
inférieurs, et maintient dans le monde de l'âme l'harmonie, comme l'âme universelle la maintient elle-même
dans la totalité des êtres et des choses.

A la psychologie se rattachent l'esthétique, la morale et

1. « Tous les êtres vivants mortels, les végétaux qui croissent,
soit d'une racine, soit d'une semence, à la surface de la terre, les
corps inanimés fusibles et non fusibles contenus dans son sein,
est-ce à quelque autre cause qu'à une puissance divine que
nous attribuerons de les avoir fait passer du non-être à l'être? »
(*Sophiste*, trad. Cousin, t. XI, p. 315.)

la politique de Platon. L'esthétique platonicienne se fonde sur l'idée du beau. Cette idée est une de celles que l'intelligence, arrivée au but de sa marche dialectique, contemple avec le plus de ravissement. Pour Platon, la beauté sensible, celle des formes extérieures, n'est qu'un pâle reflet, une ombre effacée de celle qui n'apparaît qu'aux yeux de l'esprit. Tandis que le vulgaire se laisse séduire par les beautés dispersées dans l'univers visible, le philosophe, qui n'aspire qu'à l'intelligible et à l'éternel, s'élève de la contemplation de la beauté dans les corps à celle de la beauté dans les âmes; puis, par un progrès régulier, il s'attache successivement à la beauté intellectuelle, à la beauté morale, pour se reposer enfin dans une union pleine d'enthousiasme et d'amour avec la beauté absolue et suprême, qui n'est dans son essence qu'une des formes de la perfection même de Dieu.

De même que l'esthétique platonicienne est tout entière suspendue à l'idée du beau, de même la morale et la politique sont suspendues à l'idée du juste. Fidèle au principe socratique, Platon identifie la politique avec la morale, et la justice dans l'âme humaine est pour lui la même chose que dans l'État. Elle consiste, dans les deux cas, à maintenir la hiérarchie naturelle et nécessaire selon laquelle les instincts inférieurs doivent se subordonner à la volonté dirigée elle-même par la raison. Dans l'État, ce sont les artisans qui représentent la partie inférieure et turbulente de l'âme; il faut qu'ils soient contenus par les guerriers, qui personnifient la force; mais cette force, analogue à la volonté dans l'âme humaine, c'est la sagesse qui doit la gouverner en souveraine maîtresse, et la sagesse dans l'État, ce sont les magistrats, formés à la philosophie par une longue et patiente éducation.

La morale de Platon est austère et ascétique; elle proscrit le plaisir, elle prêche le renoncement. Sa politique incline à l'aristocratie et même à la monarchie, faisant bon marché de la liberté et des droits du citoyen dans l'intention, fort louable sans doute, de préserver cette liberté d'écarts inévitables et de la maintenir, par une sorte d'inquisition légale, dans la ligne inflexible de la vertu.

Enfin, par delà cette vie, Platon ouvre à l'homme les perspectives infinies de la vie future. L'immortalité de l'âme, fondée sur la spiritualité de sa nature, devient une vérité démontrée; une justice infaillible récompense ou punit chacun selon ses œuvres. Quant aux conditions particulières de cette vie impérissable, Platon ne nous offre que des conjectures, et c'est là surtout qu'il a recours à ces récits allégoriques voilant sous l'enveloppe brillante d'une poésie vraiment religieuse ce que son imagination entrevoit, ce que son cœur espère, ce que sa raison n'ose affirmer avec une précision et une rigueur absolues. Tout l'effort de l'esprit de l'homme lui paraît impuissant à conquérir en de tels problèmes une entière certitude; et il est permis de croire qu'il eût salué avec bonheur l'avénement d'une religion dont son œuvre a mérité d'être appelée la *préface humaine*, et dont il semble avoir pressenti sur quelques points les divins enseignements.

Les preuves de l'immortalité de l'âme se trouvant principalement exposées dans le *Phédon*, nous sommes tout naturellement amenés à l'analyse de ce dialogue.

III. *Analyse du* Phédon *de Platon.*

Les interlocuteurs du dialogue sont Échécrate[1] et Phédon[2]. Leur entretien a lieu à Phlionte, ville de Sicyonie. Phédon fait à Échécrate le récit du dernier entretien et de la mort de Socrate. Mais, dans ce récit, figurent d'autres interlocuteurs et personnages présents au dernier entretien de Socrate; en réalité, c'est Socrate qui est presque tout le temps en scène, et c'est principalement avec Simmias et Cébès qu'il soutient la discussion. Apollodore, Criton, Xanthippe, femme de Socrate, le serviteur des Onze[3], ne

---

1. Échécrate était de Phlionte, ville de Sicyonie, dans l'Achaïe, au nord du Péloponèse. Il fut d'abord disciple du pythagoricien Archytas, et vint à Athènes, où Platon l'accueillit (voir la neuvième Lettre de Platon à Archytas).

2. Phédon, philosophe grec, était né dans la ville d'Élis. Voir la note de la page 1.

3. Les *Onze* étaient des magistrats préposés aux prisons. Chacune des dix tribus du peuple athénien fournissait un de ces magistrats, et le greffier faisait le onzième.

jouent qu'un rôle secondaire et ne prononcent que quelques mots.

Phédon raconte à Échécrate qu'après la condamnation de Socrate[1] plusieurs jours s'écoulèrent avant que la sentence fût exécutée. Une loi défendait aux magistrats de faire mettre personne à mort jusqu'au retour du vaisseau qui portait d'Athènes à Délos la théorie[2] sacrée en l'honneur d'Apollon. Le jour fatal arrivé, tous les disciples accourent dès le matin à la prison pour jouir du suprême entretien de leur maître. Phédon exprime les sentiments de recueillement et de tristesse virile que cette scène fit naître en lui (chap. i-iv).

Socrate, délivré de ses fers, fait observer à ses disciples comme le plaisir et la douleur sont inséparablement unis; on pourrait, sur ce sujet, faire une fable à la manière d'Ésope (chap. iii).

A ce propos, Cébès demande à Socrate, de la part du poëte Événus, pourquoi il s'est mis à composer des fables dans sa prison. C'est, dit Socrate, pour obéir à un songe qui lui ordonnait de cultiver les beaux-arts. Voilà ce que Cébès devra répondre à Événus, et il l'engagera en même temps à rejoindre Socrate au plus vite (chap. iv).

Cébès s'étonne que Socrate, en engageant Événus à le suivre, semble recommander le suicide, et lui fait remarquer que, selon la doctrine de Philolaüs, il est défendu de se donner la mort. Socrate en convient : l'homme ne doit pas quitter cette vie avant que les dieux, ces

1. Socrate avait soixante-dix ans quand il fut condamné. Diogène Laërce nous a conservé l'acte même d'accusation, tel qu'il existait encore de son temps dans le temple de Cybèle, qui servait de greffe aux Athéniens : « Mélitus, fils de Mélitus, du bourg de Pythos, accuse par serment Socrate, fils de Sophronisque, du bourg d'Alopèce : Socrate est coupable en ce qu'il ne reconnaît pas les dieux de la république et met à leur place des extravagances démoniaques; il est coupable en ce qu'il corrompt les jeunes gens. Peine : la mort. » — Les juges étaient au nombre de 556, dont 281 se prononcèrent contre Socrate, et 275 en sa faveur. Il ne manqua donc à Socrate que trois suffrages pour être absous par l'égalité des voix.

2. On appelait *théorie* (θεωρία, *spectacle*) une députation solennelle envoyée par une ville aux fêtes d'un dieu.

maîtres excellents, ne lui en aient donné l'ordre; ce qui
n'empêche pas que pour le philosophe la mort ne soit
préférable à la vie; car la philosophie est l'apprentissage
de la mort : c'est par la mort que l'âme philosophique,
délivrée du corps, affranchie des désirs grossiers, des
craintes, du trouble et des erreurs qu'il fait naître en elle,
entre en communion avec les dieux et commence à jouir
de ses véritables biens, la science et la vertu. Le vulgaire
craint la mort parce qu'elle le prive des plaisirs sensibles,
qu'il estime par-dessus tout; le philosophe la désire parce
qu'elle comble tous ses vœux (*première et deuxième preuves
de l'immortalité de l'âme tirées de la nature de la vertu et de
celle de la science*).

Cébès observe avec raison que ces divines espérances
n'ont quelque fondement que si l'âme ne périt pas avec le
corps : il faut donc démontrer qu'elle est immortelle. Ici
commence vraiment la discussion (chap. v-xiv).

Une démonstration de l'immortalité doit, suivant Socrate,
s'appliquer à l'âme en général, aussi bien à celle de l'homme
qu'à celle des animaux et des plantes. Or, c'est une loi universelle que les contraires naissent des contraires, le plus
grand du plus petit et le plus petit du plus grand, le plus
faible du plus fort et le plus fort du plus faible, le plus vite
du plus lent et le plus lent du plus vite, la vie de la mort et
la mort de la vie. S'il en était autrement, si la vie engen-
drait la mort sans que celle-ci à son tour fît naître la vie,
la mort aurait bientôt absorbé toute vie; le mouvement
s'évanouirait, la nature entière s'endormirait dans l'immobilité funeste du néant. L'âme ne peut donc que s'élancer
plus remplie d'une indestructible vigueur des ruines même
de l'organisme qui l'enfermait (*troisième preuve, tirée de la
succession des contraires*, chap. xv-xvii).

La théorie de la réminiscence fournit un nouvel argument : apprendre n'est que se ressouvenir[1]. — Il arrive
qu'à l'occasion d'une perception actuelle nous ayons
l'idée d'une chose qui n'est pas présentement perçue :
la vue de la lyre fait penser au musicien; en voyant
deux arbres, on juge qu'ils sont égaux; ce jugement n'est
possible que si nous avons l'idée de l'égalité. Cette idée

1. On peut voir le *Phèdre*, le *Ménon*.

est-elle identique à celle des objets que nous déclarons égaux? Non; car cet arbre, égal à un second, peut ne pas être égal à un troisième : or il serait contradictoire que l'égalité en soi pût être en même temps inégalité. A quel moment avons-nous acquis l'idée d'égalité? Remarquons qu'elle est impliquée dans tout jugement où deux objets perçus par les sens sont connus comme égaux ou inégaux. Elle est donc antérieure au premier exercice de nos sens : or, si nous avons fait usage de nos sens dès le commencement de cette vie, il faut donc que l'idée d'égalité soit antérieure à la naissance même et que, par conséquent, l'âme ait existé avant d'entrer dans le corps. On objecte que cette idée d'égalité peut avoir été acquise au moment où nous sommes entrés dans le monde ; mais, s'il en était ainsi, elle existerait chez tous les hommes avec la même clarté, et comme le raisonnement qui précède s'applique à toutes les idées qui expriment quelque chose d'immuable, d'éternel, de réellement existant, l'idée du beau, l'idée du juste, etc., tous les hommes sans exception devraient posséder la science absolue, sans jamais la perdre, et c'est ce qui n'est pas. Loin donc que ces idées nous aient été infusées au moment de la naissance, elles se sont obscurcies, au contraire, par l'union de l'âme avec le corps, et, dans le cours de la vie, nous ne faisons que ressaisir, raviver péniblement et par degrés ces connaissances qui illuminaient notre âme lorsqu'elle était encore affranchie de ses organes (*quatrième preuve, par la réminiscence*, chap. XVIII-XXII).

Cébès observe que cette preuve n'est pas concluante : elle établit bien l'existence de l'âme avant cette vie, nullement celle de l'âme après la mort.

Il faut, répond Socrate, joindre à cet argument celui des contraires : si l'âme, en arrivant dans cette vie, sort de ce que nous appelons la mort et existait déjà, il y a nécessité qu'en quittant cette vie elle subsiste encore, puisqu'elle doit revivre. C'est la même âme en effet qui, dans le cours de ses incarnations successives, traverse sans périr les alternatives opposées de la mort et de la vie (chap. XXIII).

Les disciples craignent toujours qu'à la sortie du corps l'âme ne soit dissipée comme une fumée, et ils expriment à Socrate leurs inquiétudes. — Mais, reprend Socrate, ce qui se dissout, c'est le composé, non le simple : or, ce qui constitue le simple, c'est l'identité et la permanence. De plus, ce qui est simple ne tombe pas sous les sens. Telle est la nature de l'âme, surtout quand elle ne se sert pas du corps et qu'elle contemple avec sa propre essence des idées qui sont elles-mêmes simples, immuables, invisibles et sans forme matérielle. L'âme est donc simple et indissoluble, par conséquent immortelle (*cinquième preuve, tirée de la simplicité de l'âme,* chap. XXIV-XXVII).

De plus, dans ce composé de corps et d'âme qui est l'homme, il est naturel que l'un obéisse, que l'autre commande. Ce qui est divin est seul capable de commander : l'âme, qui commande, est donc de nature divine, par suite impérissable. Le corps même ne se dissout pas après la mort : embaumé, il se conserve pendant des siècles, et l'âme, chose divine, serait dissipée et anéantie! Non : si elle a vécu sagement, elle se dégage joyeusement du corps et va passer une éternité de bonheur avec les dieux; mais quant aux âmes des voluptueux, des criminels, la mort ne les délivre pas : elles traînent avec elles les lambeaux de leur enveloppe matérielle; fantômes ténébreux, on les voit errer la nuit autour des tombeaux. A la philosophie seule il appartient de purifier l'âme, de la recueillir en elle-même, de l'affranchir des plaisirs et des passions qui, comme autant de clous, la rivent au corps et la rendent incapable, après cette vie, de tout commerce avec la divinité (chap. XXVIII-XXXIV).

Mais, objecte Simmias, l'âme pourrait bien être semblable à l'harmonie d'une lyre. L'harmonie est chose plus divine que les cordes et le bois de l'instrument; pourtant, la lyre brisée, l'harmonie s'évanouit. L'âme, plus divine que le corps, ne serait-elle pas de même la résultante des fonctions et des éléments matériels, destinée à disparaître le jour où ces éléments se dissolvent (chap. XXXV-XXXVI)?

Autre difficulté, présentée par Cébès. L'âme, tout en étant capable de traverser plusieurs existences terrestres et d'animer successivement plusieurs organismes, ne s'épuise-t-elle pas à la longue et ne périt-elle pas enfin, après une incarnation suprême, comme un vieux tisserand qui survit à plusieurs vêtements et meurt avant d'avoir usé le dernier (chap. XXXVII)?

Réponse de Socrate à l'objection de Simmias : 1° L'harmonie ne peut exister qu'après les éléments qui la composent; or, d'après la doctrine de la réminiscence, dont Simmias ne conteste pas la vérité, l'âme préexiste au corps : elle ne peut donc être la résultante de ses éléments; 2° si l'âme était une harmonie, il n'y aurait nulle différence entre le vice et la vertu, et toutes les âmes seraient également bonnes. En effet, la vertu est dans l'âme harmonie; le vice, désharmonie. Mais une âme ne peut être plus ou moins âme qu'une autre : donc, selon l'hypothèse de Simmias, toutes les âmes sont harmonies au même degré, donc également vertueuses : conséquence absurde qui prouve la fausseté du principe. De plus, dans la même hypothèse, la vertu serait l'harmonie d'une harmonie, chose inintelligible; le vice, la désharmonie d'une harmonie, chose contradictoire; 3° l'harmonie ne peut qu'obéir aux éléments qui la produisent; l'âme, au contraire, lutte contre le corps, les éléments dont il est composé et les passions qui viennent de lui. L'âme est donc quelque chose de plus divin qu'une harmonie (chap. XXXVIII-XLIII).

Réponse de Socrate à l'objection de Cébès. — Nécessité, pour résoudre la difficulté, de connaître à fond les lois de la naissance et de la mort et la vraie nature de la cause. Erreur des physiciens, qui croient tout expliquer par des principes matériels : l'Intelligence, se dirigeant par la considération de ce qui est le meilleur, est la cause unique et suprême (chap. XLIV-XLVIII).

Les Idées sont, pour chaque genre d'êtres et de qualités sensibles, causes et principes d'existence : c'est de leur participation aux idées que les choses tiennent leur essence; c'est par la beauté que les belles choses sont belles, par la grandeur que les choses grandes sont grandes, etc. Une idée ne peut recevoir en soi son contraire; la grandeur ne peut devenir petitesse, ni la petitesse grandeur. De même, tout ce dont cette idée est l'essence exclut ce qui est contraire à cette essence. Si, par exemple, l'unité en soi exclut la dualité en soi, tout ce dont l'unité est l'essence, comme l'*impair*, ne pourra jamais recevoir la forme de la dualité et devenir pair. Or, l'idée qui constitue l'essence de la vie, c'est l'âme. L'idée d'âme exclut donc l'idée de mort; l'âme est donc, par sa nature, absolument impérissable (chap. XLIX-LVI [1]).

Ici se termine la partie philosophique du *Phédon*. Après avoir établi sur les preuves qui précèdent le dogme de l'immortalité, Socrate fait à ses disciples une description magnifique du séjour des bienheureux, tel que son imagination le conçoit. C'est une terre supérieure, où tout est pureté, incorruptibilité, lumière; où les hommes, doués de sens infiniment plus pénétrants que les nôtres, sont affranchis de toutes maladies, et prolongent une vie fortunée, dans un commerce intime avec les dieux, bien au delà des limites qui sont imposées à notre misérable existence d'ici-bas (chap. LVII-LIX).

En regard de cette description, Socrate met sous les yeux de ses disciples celle des régions souterraines, séjour passager des âmes dont les fautes peuvent être expiées, séjour éternel des coupables qu'aucune expiation ne peut guérir. Là, des fleuves horribles parcourent tumultueusement des canaux innombrables, qui tous se jettent dans une immense cavité, le Tartare; et les malheureuses âmes, épouvantées par les ténèbres et le bruit, entraînées dans les tourbillons de ces tempêtes infernales, rejetées d'un fleuve à l'autre, roulées dans des flots de fange et de feu, implorent vainement quelque repos : l'incessante agitation qui fait leur supplice est l'image du trouble que produisent dans l'âme les passions et les voluptés [2].

Enfin, ceux qui ont été entièrement purifiés par la

---

1. « Ce raisonnement de Platon n'a pas toujours été bien compris. Ce qui peut induire en erreur, c'est que, d'après la doctrine habituelle de Platon, une chose peut participer à la fois de deux contraires. Cela est vrai des qualités de cette chose, mais non de son essence. L'âme peut être bonne ou mauvaise, belle ou laide, etc., parce que toutes ces choses ne constituent pas son essence même; mais elle ne peut être *périssable*, parce que son essence est la *vie*. S'il n'y a pas de contradiction à dire : L'âme est bonne ou mauvaise, belle ou laide; il y en a une à dire : L'âme, dont l'essence est la vie, est mortelle. Platon conclut que pour celui qui remonte à l'idée, à l'essence des choses, la vie est essentielle à l'âme. » (M. Fouillée, *Philosophie de Platon*, t. I, p. 599.)

2. Cette géographie des enfers est fort confuse, et cette con-

philosophie sont à jamais affranchis de toute enveloppe corporelle, et vont dans des demeures encore plus belles que celles de la terre supérieure. Il faut donc tout faire pour acquérir de la vertu et de la sagesse pendant cette vie ; « car le prix du combat est beau, et l'espérance est grande. »

Il serait téméraire d'affirmer, dit Socrate, que les conditions de la vie bienheureuse soient précisément celles qui ont été décrites ; mais « la chose vaut la peine qu'on hasarde d'y croire ; c'est un hasard qu'il est beau de courir, c'est une espérance dont il faut comme s'enchanter soi-même. » (Chap. LVI-LXIV.)

L'entretien terminé, Socrate se lève et va prendre un bain pour épargner aux femmes[1] la peine de laver un cadavre. Il rentre au bout de quelques instants, fait retirer sa femme Xanthippe et ses enfants, et reçoit le poison que lui présente en pleurant le serviteur des Onze. Il vide la coupe avec une admirable sérénité : les disciples éclatent en sanglots ; Socrate les réprimande et leur reproche leur faiblesse : « Que faites-vous, mes amis? C'était surtout pour éviter ces enfantillages que j'avais renvoyé les femmes, car j'ai toujours entendu dire qu'il faut mourir avec de bonnes paroles. » — Mais déjà le poison appesantit ses jambes ; il se couche : le froid gagne peu à peu des extrémités au cœur, et Socrate meurt en recommandant à Criton d'immoler un coq à Esculape, qui vient de le guérir de la vie (chap. LXV-LXVII).

IV. *Récapitulation et Discussion des preuves de l'immortalité de l'âme contenues dans le* Phédon.

Les preuves de l'immortalité de l'âme, telles qu'elles sont exposées dans le *Phédon*, peuvent se résumer ainsi :

1° *Preuve par la nature de la vertu.* — La vertu consiste à s'affranchir dès cette vie de la tyrannie du corps, qui fait naître dans l'âme mille désirs grossiers ou criminels. Donc l'âme est indépendante du corps et peut lui survivre.

fusion même ajoute encore au sentiment de terreur qu'un pareil tableau doit inspirer.

1. Il était d'usage de laver les cadavres avant de les ensevelir. Ce soin était réservé aux femmes.

2º *Preuve par la nature de la science.* — L'intelligence n'est jamais plus lumineuse, la raison plus droite, que quand elles se séparent des sens et des impressions que les objets extérieurs font sur eux. Donc la raison, cette faculté maîtresse de l'âme, et l'âme elle-même doivent être indépendantes des organes.

3º *Argument des contraires.* — C'est une loi universelle que les contraires naissent des contraires. La vie doit donc sortir de son contraire, la mort. La mort du corps est pour l'âme le vrai commencement de la vie.

4º *Preuve par la réminiscence.* — Les impressions sensibles éveillent dans l'intelligence certaines idées que les sens ne donnent pas. Ces idées, l'âme les possédait déjà; elle les avait oubliées; elle ne fait que s'en ressouvenir. Elle les avait donc acquises avant de faire usage des sens, c'est-à-dire avant cette vie. Elle existait donc avant d'entrer dans le corps; et si la vie est sortie de cet état de mort apparente qui précéda la naissance, elle doit sortir encore, en vertu de l'argument des contraires, de cette autre mort apparente qui termine notre existence terrestre.

5º *Argument tiré de la simplicité de l'âme.* — Le composé seul peut se dissoudre : ce qui est corporel et visible est composé; ce qui est invisible et incorporel est simple : telle est la nature de l'âme. Elle est donc indissoluble : donc immortelle.

1re *Objection (Simmias).* — L'âme ne serait-elle pas une harmonie, une résultante des éléments corporels?

Réponse. — Non; car l'harmonie est postérieure aux éléments qui la composent : or l'âme existait avant le corps (argument de la réminiscence).

L'harmonie, dans l'âme, c'est la vertu; or toutes les âmes sont également âmes, mais toutes ne sont pas également vertueuses : donc l'âme n'est pas une harmonie.

L'harmonie ne peut qu'obéir aux éléments qui la composent; mais l'âme commande au corps : elle n'est donc pas une harmonie.

2º *Objection (Cébès).* — L'âme, tout en étant plus durable que le corps, ne pourrait-elle pas s'épuiser à la longue dans une série d'incarnations successives, et périr après la dernière?

Réponse. — Non; car les idées excluent leurs contraires; l'idée de la vie exclut celle de la mort. Or la vie est l'essence de l'âme; on ne peut concevoir l'âme sans la vie, qu'elle apporte partout avec elle. Donc, il est contradictoire de supposer que l'âme puisse périr.

Telles sont les preuves contenues dans le *Phédon.* On a souvent remarqué avec raison qu'elles ne doivent pas être prises isolément, mais qu'elles se soutiennent l'une par l'autre et forment les anneaux d'une chaîne continue. L'argument de la réminiscence, par exemple, ne conclut que si l'on accepte préalablement la preuve tirée de la génération des contraires. La réfutation de l'objection de Simmias se fonde à son tour sur la théorie de la réminiscence.

Dans ce dialogue, admirablement composé, Platon s'élève des arguments les plus faibles, les plus extérieurs en quelque sorte, jusqu'à ceux qu'il considère comme décisifs, et qui se rattachent le plus étroitement à la théorie qui domine tout son système, la théorie des idées. Ainsi les deux premiers arguments ne sont pas proprement des preuves, mais de simples présomptions. Il est bien vrai que les conditions de la vertu, de la science, semblent impliquer l'immortalité de l'âme, mais il ne s'ensuit pas que l'âme, par sa nature et son essence, soit immortelle: car on pourrait soutenir, à ce compte, que ceux qui n'ont pas été philosophes en cette vie, qui n'ont recherché ni la vertu ni la sagesse, seront anéantis tout entiers, corps et âme, par la mort. Ces deux arguments donnent donc au sage des motifs sérieux d'espérance; mais ils ne valent pas pour l'universalité des âmes. Ils ne forment pas une démonstration d'une rigueur suffisante et d'une suffisante généralité.

Quant aux autres preuves, elles établissent moins l'immortalité de la personne humaine que celle de la substance de l'âme.

La vraie difficulté, dans cette question, n'est peut-être pas de prouver qu'il y a en nous un principe qui, par son essence, est indépendant du corps et doit lui survivre; ce qu'il s'agit surtout de mettre en lumière, c'est que cette *chose* qui pense, veut, aime et désire, qui se connaît distincte des objets matériels et des autres personnes avec lesquelles elle entre en relation, subsiste avec sa conscience et ses facultés essentielles après la dissolution des organes. Et, en vérité, cela seul nous importe. Si toute personnalité s'évanouit à la mort; si l'âme n'est plus le *moi;* si, dépouillée de tout souvenir, de toute sensibilité, étrangère à jamais aux actions, aux pensées, aux amours qui l'occupèrent ici-bas et la firent vertueuse ou coupable, elle va se confondre au sein de l'âme universelle dont elle fut momentanément détachée, cette vague immortalité ne la regarde plus; en réalité, elle équivaut pour elle au néant, et la vie humaine perd ses consolations les plus précieuses en même temps que la loi morale ses plus redoutables sanctions.

Nous avons dit que Platon, dans le *Phédon*, a plutôt démontré l'immortalité de la substance de l'âme que celle de la personne; c'est ce qu'un court examen va nous montrer suffisamment.

Que suppose, en effet, l'argument des contraires? Deux principes qui ne sont qu'indiqués dans le dialogue qui nous occupe, mais qui sont exposés ailleurs, dans le *Phèdre* surtout[1], avec plus de développement. Ces deux principes sont : 1° que l'âme est cause universelle du mouvement et de la vie dans la nature; 2° qu'il existe dans le monde une certaine quantité constante de mouvement et de vie. L'argument de Platon revient dès lors à ceci : la totalité des êtres vivants est animée par un certain nombre d'âmes; la mort dissout les corps et anéantit leurs mouvements; mais les âmes qui les animaient doivent subsister pour animer d'autres agrégats de matière : si en effet les âmes étaient détruites en même temps que les corps, comme il ne s'en produit pas de nouvelles, leur nombre diminuerait progressivement, et, au bout d'un temps plus ou moins long, la nature entière, veuve d'âmes en quelque sorte, s'abîmerait dans l'inertie et la mort.

1. Trad. Cousin, t. VI, p. 46, 47.—La preuve de l'immortalité de l'âme contenue dans le *Phèdre* a été traduite par Cicéron (*Tuscul.*, I, 23).

La conséquence de ces principes, c'est que l'âme humaine peut animer indifféremment quelque corps que ce soit. De là l'hypothèse de la pluralité des existences, de là la métempsychose, que Platon, héritier de Pythagore, prend certainement plus au sérieux qu'on ne l'a cru, qui, toutes deux, sont inconciliables avec le dogme de l'immortalité de la personnalité humaine.—L'argument des contraires prouve donc seulement que le mouvement et la vie en général sont immortels, nullement que la personne, le *moi*, subsistent après la dissolution des organes.

On doit en dire autant de la preuve fondée sur la théorie de la réminiscence. — Que nous ayons contemplé les idées dans une vie antérieure, c'est ce dont nous n'avons certainement aucun souvenir : cette vie antérieure est donc pour nous comme un pur néant. Si après la mort la mémoire de notre existence actuelle est abolie aussi complétement que celle des existences qui ont précédé la naissance, il est clair que la destruction du corps entraîne celle de la personne.

Enfin, la preuve tirée de l'idée qui constitue l'essence de l'âme n'est pas plus rassurante. — L'essence de l'âme, dit Platon, c'est la vie, et l'idée de la vie exclut celle de la mort. — Mais la vie n'implique nullement la conscience : les plantes ont la vie, et qui oserait soutenir qu'elles ont quelque conscience d'elles-mêmes? — En admettant donc que tout principe de vie soit immortel, il ne s'ensuit nullement que la conscience et la mémoire, sans lesquelles la personnalité est impossible, subsistent après la mort.

Et cela est si vrai, que Platon, dans le *Timée*, semble admettre qu'une partie au moins de l'âme est mortelle, la partie irraisonnable, le θυμός et l'ἐπιθυμητικόν. Sans doute, l'âme raisonnable, le νοῦς, échappe à cette disgrâce. Mais la raison toute seule constitue-t-elle véritablement la personnalité? et suffit-il qu'elle soit immortelle, pour que le *moi* tout entier échappe à l'anéantissement?

Néanmoins, à côté des preuves métaphysiques qui concluent à l'immortalité de la substance de l'âme, non à celle de la personne, Platon a aperçu les arguments moraux, qui sont le plus solide fondement de l'espérance du genre humain : mais il ne les a pas mis en pleine lumière ni présentés dans toute leur force. Il dit en passant, dans le

Phédon, que la nature de l'âme c'est de commander au corps : qu'est-ce à dire, sinon que la volonté est une activité indépendante et libre, et que la liberté ne peut être un attribut de la matière, une résultante des forces fatales de l'organisme? Or, c'est dans l'acte libre que se manifeste avec le plus d'éclat la personnalité. — Si la chose qui *veut* en nous échappe à la destruction, l'immortalité de la personne est assurée.

Platon dit encore mieux, dans ce même dialogue : « Si la mort était la cessation absolue de toute existence, ce serait un grand gain pour les méchants après leur mort d'être délivrés à la fois de leur corps, de leur âme et de leurs vices. » Voilà la vraie preuve, la seule, osons-nous dire, inattaquable : il faut une sanction à la loi du devoir; il faut que chacun soit récompensé ou puni selon ses œuvres, et ce n'est pas sur cette terre qu'existe toujours et infailliblement cette exacte proportion, exigée par la justice éternelle, entre le bonheur et la vertu, le malheur et le vice. Cet argument, on dirait que Platon craint de le présenter sous une forme rigoureuse et scientifique, il a peur de trop affirmer; mais peut-être, après tout, le sublime récit de la mort de Socrate est-il plus convaincant qu'un froid syllogisme : en l'absence d'une révélation divine, quelle plus belle preuve de l'immortalité que la mort volontairement subie pour la vérité et la justice?

V. *Discussion de quelques doctrines particulières indiquées dans le dialogue du* Phédon.

Les preuves de l'immortalité, que nous avons examinées dans le paragraphe précédent, impliquent plusieurs théories secondaires : celle de l'existence de l'âme avant cette vie; celle des incarnations successives; celle d'une âme des plantes et des animaux, identique par son essence à l'âme humaine. Nous devons discuter rapidement ces trois hypothèses.

La seule preuve que donne Platon de l'existence de l'âme avant cette vie est tirée de la réminiscence. Mais, au fond, cette preuve est un vrai sophisme. De ce que l'âme possède certaines notions qui ne viennent pas de l'expérience, il ne s'ensuit nullement qu'elle les ait acquises dans une existence antérieure. Tout ce qu'on en doit conclure, c'est que l'âme apporte en naissant la faculté de concevoir, à la suite et à l'occasion des données expérimentales, certaines idées nécessaires et absolues. Cette faculté, c'est la raison. La raison est sans doute innée; mais tout ce qui constitue l'essence de l'âme est inné; la conscience, la mémoire, sont aussi des facultés constitutives de notre être moral; elles sont donc innées, et, au même titre que la raison, elles ont dû, dans l'hypothèse platonicienne, s'exercer, se développer avant cette vie. Cela étant, comment expliquer que nous n'ayons absolument aucun souvenir de cette existence antérieure? La mémoire aurait-elle été abolie au moment où l'âme est entrée dans le corps? Mais si l'âme a pu perdre une de ses facultés essentielles, son essence n'est plus la même, ce n'est plus réellement la même âme; c'en est une autre qui commence d'exister avec le corps : autant dire alors que l'âme est créée en même temps que celui-ci. La raison et la révélation sont donc d'accord pour repousser cette première hypothèse de Platon.

La seconde hypothèse, celle des incarnations successives, n'est pas plus acceptable. D'abord, selon la doctrine même de Platon, il est au moins deux sortes d'âmes qui ne peuvent revêtir successivement différents corps : ce sont celles qui ont vécu saintement pendant cette vie, et celles qui ont mérité des supplices éternels [1]. Seules, les âmes de ceux qui n'ont été ni tout à fait bons ni tout à fait méchants peuvent s'incarner à nouveau. Mais pourquoi? — C'est, dira-t-on, pour expier les fautes qu'elles ont commises ici-bas, et mériter à leur tour la félicité des bienheureux. — Mais, répondrons-nous, l'expiation ne peut-elle s'accomplir que dans une série de nouvelles existences? Platon ne le pense pas, puisqu'il nous décrit les supplices qu'endurent les âmes dans les régions infernales. Les épreuves que l'âme subirait en prenant un nouveau corps ne pourraient d'ailleurs la purifier de ses souillures; car

1. Voy. le chapitre LXII, pages 81 et 82.

il n'y a pas d'expiation si le coupable ignore pourquoi il est puni. Or, il est manifeste que l'âme ne conserve aucun souvenir de ces prétendues existences antérieures : comment donc se souviendrait-elle de ses fautes, et reconnaîtrait-elle la justice du châtiment qui la frappe? Et si elle souffre ici-bas sans savoir qu'elle l'a autrefois mérité, comment en deviendrait-elle meilleure? Ne serait-elle pas disposée, au contraire, à accuser la cruauté d'un Dieu qui déploie contre elle sa colère, sans lui en révéler les motifs?

La philosophie qui s'inspire du christianisme rejette avec raison l'hypothèse des incarnations successives. Quant aux douleurs d'ici-bas, elle y voit une épreuve salutaire qui permet à l'homme de développer les facultés les plus hautes de son être, de conquérir par la lutte sa personnalité, de se rendre digne enfin, par la résignation et l'espoir en Dieu, d'une destinée plus heureuse. La vie présente devient ainsi, non pas l'expiation d'une existence antérieure, mais la préparation à une vie immortelle.

Il est inutile de discuter la doctrine de la métempsycose : bien qu'à notre avis elle découle nécessairement des principes métaphysiques de la psychologie platonicienne, elle est trop évidemment insoutenable pour mériter de nous arrêter un instant. On n'en peut pas dire autant de l'hypothèse qui attribue aux animaux et même aux plantes une âme de même nature que celle de l'homme : c'est une opinion qui, jusqu'à nos jours, a trouvé de nombreux adhérents. A l'égard des plantes, la question ne nous paraît pas douteuse; leur accorder une âme, c'est confondre absolument l'âme avec la vie; car, nous l'avons dit, les plantes n'ont certainement aucune conscience, et il n'y a pas d'âme là où n'existent à aucun degré la conscience et la liberté. Pour les animaux, surtout les animaux supérieurs, il est difficile de nier qu'ils aient la faculté d'éprouver des sensations, de jouir, de souffrir d'associer mécaniquement certaines impressions et certains souvenirs; phénomènes qui impliquent sans doute quelque conscience. Faut-il pour cela leur attribuer une âme? On le peut, pourvu qu'on reconnaisse avec saint Thomas d'Aquin que cette âme est d'une tout autre nature que la nôtre; qu'elle est purement sensitive, non raisonnable; que tout en n'étant pas étendue, elle ne peut proprement être regardée comme un principe spirituel et capable de survivre au corps. Bossuet incline à adopter cette doctrine de saint Thomas, et, réfutant sur ce point l'erreur de Platon, il exprime admirablement la nature du principe qui, chez les animaux les plus parfaits, produit les phénomènes de la sensation, du sentiment et de l'instinct.

« Ceux, dit-il, qui donnent aux bêtes des sensations et une âme qui en soit capable, interrogés si cette âme est un esprit ou un corps, répondront qu'elle n'est ni l'un ni l'autre. C'est une nature mitoyenne, qui n'est pas un corps, parce qu'elle n'est pas étendue en longueur, largeur et profondeur; qui n'est pas un esprit, parce qu'elle est sans intelligence, incapable de posséder Dieu et d'être heureuse.

« Ils résoudront par le même principe l'objection de l'immortalité. Car encore que l'âme des bêtes soit distincte du corps, il n'y a point d'apparence qu'elle puisse être conservée séparément, parce qu'elle n'a point d'opération qui ne soit totalement absorbée par le corps et la matière. *Et il n'y a rien de plus injuste ni de plus absurde aux platoniciens, que d'avoir égalé l'âme des bêtes, où il n'y a rien qui ne soit dominé absolument par le corps, à l'âme humaine, où l'on voit un principe qui s'élève au-dessus de lui, qui le pousse jusques a sa ruine pour contenter la raison, et qui s'élève jusques à la plus haute vérité, c'est-à-dire jusqu'à Dieu même*[1]. »

Répétons-le : l'homme seul a une âme raisonnable et libre, capable de vertu et de vice, de mérite et de démérite; seul il est une *personne* qui se reconnaît et se proclame identique à tous les moments de son existence : seule par conséquent, l'âme humaine doit être immortelle.

En résumé, si les arguments du *Phédon* sont loin d'être inattaquables; si Platon s'est laissé séduire par de fausses hypothèses sur la nature de l'âme, et, plus métaphysicien que psychologue, n'a pas su dégager la notion de la *person-*

1. *Traité de la Connaissance de Dieu et de soi-même*, chap. v, 13.

nalité, dont la persistance, attestée par la conscience, implique si manifestement l'indestructibilité du *moi*; s'il n'a fait qu'entrevoir cette belle preuve morale, fondée sur la nécessité d'expiations et de récompenses proportionnées au mérite et au démérite, il ne faut pas oublier qu'il écrivait quatre cents ans avant la révélation chrétienne, au milieu de croyances encore matérialistes et grossières, de superstitions puériles, qui régnaient alors à peu près sans partage. Ce qui rend le *Phédon* digne d'une éternelle admiration, c'est le souffle spiritualiste qui l'anime; c'est la pureté morale des enseignements qu'il contient; c'est cette constante aspiration à l'idéal, exprimée en un merveilleux langage où la magnificence s'unit à la simplicité. Cousin a dit quelque part : « *Sursum corda;* voilà toute la philosophie. » A ce compte, le *Phédon* est peut-être le plus beau monument philosophique de l'antiquité.

L. C.

TABLE DES CHAPITRES.

PHÉDON

ou

DE L'IMMORTALITÉ DE L'AME.

———◆———

ÉCHÉCRATE, PHÉDON, APOLLODORE, SOCRATE, CÉBÈS, SIMMIAS, CRITON, LE SERVITEUR DES ONZE.

I. *Entrée en matière. Pourquoi Socrate ne but la ciguë que longtemps après sa condamnation.*

Échécrate. Étais-tu toi-même, Phédon[1], auprès de Socrate le jour où il but la ciguë dans la prison? Ou bien quelqu'un t'a-t-il raconté l'événement? — *Phédon.* J'y étais, Échécrate. — *Échécrate.* Quelles furent donc les paroles du sage avant de mourir? et de quelle manière est-il mort? Je serais bien aise de l'apprendre, car il n'y a personne à Phlionte qui se rende en ce moment à Athènes, et depuis longtemps il n'est venu d'Athènes ici aucun voyageur qui pût à cet égard nous donner des renseignements certains. Nous savons seulement qu'il est mort après avoir

1. Phédon, philosophe grec, était né dans la ville d'Élis, d'une famille illustre. Il fut fait prisonnier dans sa jeunesse et vendu comme esclave. Socrate l'aperçut un jour sur le seuil de la maison de son maître; frappé de sa physionomie agréable et intelligente, il engagea Criton et Alcibiade à le racheter. Phédon devint un des disciples les plus fidèles de Socrate; il ne l'abandonna pas dans le malheur, et chaque jour venait le visiter dans sa prison. Après la mort de son maître, Phédon se retira à Élis, s'y livra à l'enseignement de la morale, et y fonda une école de philosophie, qu'on appelle l'école d'Élis, et dont les doctrines nous sont assez peu connues.

Platon. *Phédon*, trad.   **1**

bu le poison. On n'a pu nous en dire davantage.— *Phédon*. Vous n'avez donc rien su de la manière dont le procès a été conduit ? — *Échécrate*. Si fait : on nous l'a rapporté ; et ce qui nous a surpris, c'est que Socrate n'est mort que longtemps après le jugement. Quelle fut la cause de ce délai, Phédon? — *Phédon*. Un hasard, Échécrate. Il arriva que, la veille du jugement, on couronna la poupe du vaisseau que les Athéniens envoient tous les ans à Délos. — *Échécrate*. Qu'est-ce que ce vaisseau? — *Phédon*. C'est, disent les Athéniens, celui dans lequel Thésée conduisit autrefois en Crète[1] les sept jeunes gens et les sept jeunes filles qu'il sauva en se sauvant lui-même. On raconte qu'alors les Athéniens firent vœu à Apollon, si Thésée et ceux qu'il emmenait échappaient à la mort, d'envoyer tous les ans une théorie à Délos. Depuis ce temps, ils n'ont pas manqué une seule fois de s'acquitter envers le dieu. Dès que la fête sacrée a commencé, une loi ordonne de purifier la ville : il est défendu de faire mourir personne au nom de l'État avant que le vaisseau ne soit arrivé à Délos et revenu à Athènes ; quelquefois cette double traversée dure longtemps, lorsque les vents sont contraires. La théorie commence après que le prêtre d'Apollon a couronné la poupe du vaisseau, ce qui arriva, comme je te le disais, la veille du jugement. Voilà pourquoi Socrate est resté longtemps en prison depuis sa condamnation jusqu'à sa mort.

II. *Phédon exprime à Échécrate les sentiments qui l'agitèrent pendant le dernier entretien de Socrate avec ses disciples.*

Échécrate. Et quelles furent les circonstances de sa mort, Phédon? Que dit-il et que fit-il? Quels furent ceux de ses amis qui l'assistèrent? Les magistrats ne leur permirent-ils pas de rester, et Socrate mourut-il privé de ses amis? — *Phédon*. Non : quelques-uns, beaucoup même, étaient là.—*Échécrate*. Applique-toi donc à nous tout raconter le plus exactement possible, à moins que quelque affaire ne t'en empêche. — *Phédon*. Je suis de loisir et je vais tâcher de vous satisfaire. Rien ne m'est plus agréable que de me rappeler Socrate, soit que je parle moi-même,

---

1. Voy. Virgile, *Énéide*, vi, v. 20 et suiv.

1.

soit que j'écoute les autres parler de lui. — *Échécrate.* Et c'est dans les mêmes dispositions, Phédon, que nous allons t'écouter. Essaie donc, autant que possible, de tout nous dire exactement. — *Phédon.* L'impression que me causa cette scène fut extraordinaire. Je n'éprouvai pas cette pitié que semblait devoir m'inspirer le spectacle de la mort d'un ami. Par les dispositions de son âme, comme par ses discours, Socrate me paraissait heureux, tant il mourut avec courage et noblesse! J'étais convaincu qu'il ne quittait ce monde que par un bienfait des dieux, pour être, dans l'autre, aussi heureux qu'aucun mortel ne l'a jamais été. Aussi n'ai-je été nullement ému de compassion comme il eût été naturel devant une scène de deuil. Je n'éprouvai pas non plus le plaisir que me causaient nos entretiens ordinaires sur la philosophie, car ce fut encore le sujet de notre dernière conversation. Je ressentais je ne sais quoi d'extraordinaire, un mélange inaccoutumé de plaisir et de peine, en pensant que tout à l'heure ce grand homme allait mourir. Nous tous qui étions là, nous éprouvions à peu près la même chose, tantôt souriant, tantôt pleurant, surtout un de nous, Apollodore : tu connais l'homme et son humeur. — *Échécrate.* Sans doute. — *Phédon.* Il se laissait entièrement aller à ces émotions contraires; les autres et moi nous n'étions guère moins troublés. — *Échécrate.* Quels étaient ceux qui se trouvaient là, Phédon? — *Phédon.* De compatriotes, il y avait cet Apollodore, Critobule et Criton son père, Hermogène, Épigène, Eschine et Antisthène[1].

1. *Épigène* était disciple de Socrate. Il est question de lui dans les *Mémorables* de Xénophon (liv. III, chap. 12), où Socrate lui reproche de négliger sa santé et lui fait comprendre que, par cette négligence, il risque de se mettre dans l'impossibilité d'accomplir d'impérieux devoirs. — *Eschine* est l'auteur de trois dialogues qui nous ont été conservés. — *Antisthène* d'Athènes, célèbre philosophe grec, fut le fondateur de l'école cynique. Il fut d'abord le disciple de Gorgias et des sophistes, puis s'attacha à Socrate pour ne plus le quitter. Il lui emprunta le principe que le bonheur consiste dans la vertu, et fit consister cette vertu même dans le mépris des richesses, des grandeurs, des sciences, de la volupté. Il parut le premier en public avec un manteau troué, la besace sur l'épaule et un bâton à la main. Socrate n'était pas partisan de ces exagérations d'austérité : « Je vois, lui disait-il, ton orgueil à travers les trous de ton manteau. »

Il y avait également Ctésippe de Péanée, Ménexène et quelques autres du pays. Platon, je crois, était malade. — *Échécrate.* Y avait-il quelques étrangers? — *Phédon.* Oui : Simmias le Thébain, Cébès et Phédonide; puis de Mégare, Euclide [1] et Terpsion. — *Échécrate.* Aristippe et Cléombrote y étaient-ils? — *Phédon.* Non : on disait qu'ils étaient à Égine. — *Échécrate.* Y en avait-il d'autres? — *Phédon.* Je ne le crois pas. — *Échécrate.* Eh bien ! sur quel sujet dis-tu que roula l'entretien?

III. *Admirable sérénité de Socrate. Apologue du plaisir et de la douleur.*

Phédon. Je vais essayer de tout te rapporter, du commencement jusqu'à la fin; car tous les jours, depuis la condamnation, nous avions l'habitude d'aller voir Socrate. Nous nous réunissions dès le matin sur la place où le jugement fut rendu, et qui était tout proche de la prison. Nous attendions là, en causant ensemble, que la prison fût ouverte; elle ne l'était jamais de bonne heure. Dès qu'elle s'ouvrait, nous allions auprès de Socrate, et d'ordinaire nous passions tout le jour avec lui. Ce jour-là nous nous réunîmes plus tôt que d'habitude. La veille, en sortant le soir de la prison, nous avions appris que le vaisseau était revenu de Délos : aussi nous nous recommandâmes les uns aux autres de venir le lendemain, le plus matin possible, au lieu accoutumé. Chacun s'y trouva : le portier qui nous introduisait ordinairement vint à notre rencontre et nous dit d'attendre, pour entrer, qu'il nous appelât lui-même : les Onze, dit-il, délivrent en ce moment Socrate de ses fers et lui annoncent qu'il doit mourir aujourd'hui. Peu de temps après, le geôlier revint et nous fit entrer. Nous trouvâmes Socrate, qu'on venait

Après la mort de Socrate, Antisthène s'établit dans le Cynosarge, gymnase d'Athènes, et l'on prétend que c'est du nom de ce lieu que vint celui qu'on donna à la secte qu'il fonda. Son principal disciple fut Diogène. Antisthène donna l'exemple d'une vie vertueuse et d'un mâle caractère : le premier, selon quelques auteurs, il osa poursuivre les deux accusateurs de Socrate; il obtint l'exil de l'un et la mort de l'autre.

1. Euclide, fondateur de l'école de Mégare, ne doit pas être confondu avec le célèbre mathématicien du même nom.

de délivrer de ses fers, et Xanthippe, tu la connais, assise auprès de lui et tenant son enfant dans ses bras. A peine nous eût-elle aperçus qu'elle se mit à se lamenter et à dire tout ce que les femmes disent en pareilles circonstances : O Socrate, s'écriait-elle, c'est donc la dernière fois que tes amis te parleront et que tu leur parleras ! Mais Socrate, tournant les yeux vers Criton : Criton, dit-il, qu'on la reconduise chez elle. Quelques esclaves de Criton l'emmenèrent poussant des cris et se frappant la poitrine. Socrate, s'asseyant sur son lit, plia sa jambe, la frotta avec sa main, et nous dit en la frottant : Quelle chose singulière, mes amis, que ce que les hommes appellent plaisir ! comme il est merveilleusement uni à ce qui semble son contraire, la douleur [1] ! Sans doute, le plaisir et la douleur ne consentent pas à se rencontrer dans l'homme en même temps ; mais quand on poursuit et qu'on prend l'un, presque toujours il faut accepter l'autre, comme s'ils étaient attachés bout à bout ! Si Ésope avait eu cette idée, il en aurait, je crois, fait une fable : il nous aurait dit que Dieu voulut réconcilier ces deux ennemis, mais qu'il n'y put réussir ; qu'alors il les attacha l'un à l'autre, et que pour cette raison, quand on a reçu l'un, on voit bientôt arriver son compagnon. J'en fais en ce moment l'épreuve : à la douleur que les fers me faisaient souffrir à cette jambe, il me semble que le plaisir a succédé.

IV. *Socrate raconte comment un songe le détermina à mettre en vers, pendant sa captivité, quelques fables d'Ésope.*

Cébès prenant la parole : Par Jupiter ! Socrate, tu as bien fait de m'en faire souvenir : A propos des fables d'Ésope

---

1. Observation psychologique pleine de finesse et de profondeur, souvent reproduite depuis. Néanmoins, il serait peut-être inexact de soutenir que tous les plaisirs, sans exception, ont pour antécédent nécessaire la douleur. Platon lui-même, dans le *Phèdre*, restreint cette définition aux plaisirs du corps. « La qualité commune, dit-il, à tous les plaisirs du corps est d'être nécessairement précédés de la douleur, ce qui les a fait appeler serviles. » — « Dans d'autres passages du Philèbe et dans le neuvième livre de la *République*, il enseigne de la manière la plus explicite qu'il y a des plaisirs sans mélange, des plaisirs

que tu as mises en vers, et de ton hymne à Apollon[1],
quelques-uns, entre autres Événus, tout récemment encore,
me demandaient dans quelle intention tu t'es mis à faire
des vers depuis que tu es en prison, toi qui n'en avais
jamais fait jusque-là. Si tu veux que je puisse répondre à
Événus lorsqu'il me fera de nouveau cette question, et je
suis sûr qu'il n'y manquera pas, apprends-moi ce que je
dois lui dire. — Eh bien! Cébès, répondit Socrate, dis-lui
la vérité; que si j'ai fait des vers, ce n'est pas pour être
son rival en poésie : je savais que ce n'était pas chose
facile; mais pour éprouver la signification de certains
songes, et pour me mettre en règle avec ma conscience,
dans le cas par hasard où la poésie serait celui des beaux-
arts[2], auquel ils m'ordonnaient fréquemment de m'appliquer. Voici de quoi il s'agit : souvent, dans le cours de ma
vie, un même songe m'a visité, tantôt sous une forme,
tantôt sous une autre, mais m'ordonnant toujours la même
chose : « Socrate, me disait-il, applique-toi aux beaux-
arts. » Pour moi, jusqu'ici, j'avais cru que c'était seulement une exhortation à continuer mes occupations
habituelles, comme on excite ceux qui courent dans la car-
rière. Je me figurais que le songe, en m'ordonnant de
m'appliquer aux beaux-arts, me recommandait de faire
précisément ce que je faisais, puisque la philosophie est le
premier des arts, et que je m'y livrais entièrement. Mais
depuis ma condamnation, et pendant le temps que m'a
laissé la fête du dieu, il m'a semblé que si par hasard le
songe m'ordonnait de m'appliquer aux beaux-arts dans le
sens ordinaire du mot, je [ne devais pas d sobéir; qu'il
était plus sûr, avant de quitter la vie, de m'acquitter de
cette obligation en faisant des vers selon les prescriptions
du songe. J'en ai donc fait d'abord en l'honneur du dieu
dont on célébrait la fête; puis, jugeant qu'un poëte, s'il
veut être vraiment poëte, doit non pas mettre en vers des

qu'aucune douleur ne précède, qu'aucune douleur n'accompagne... Il combat lui-même ceux qui prétendent que tout plaisir
est une cessation de la douleur. » (BOUILLIER, *Du plaisir et de la
douleur*).

1. Diogène Laërce (liv. II, ch. v) nous a conservé deux vers
des fables et un vers de l'hymne.

2. C'est le sens exact du mot grec μουσική.

discours, mais inventer des fables, et ne m'en sentant pas capable, j'ai versifié quelques fables d'Ésope que je savais, à mesure qu'elles se présentèrent à ma mémoire.

V. *Le philosophe doit désirer la mort, mais le suicide est défendu.*

Voilà, Cébès, ce qu'il faut dire à Événus. Dis-lui encore de se bien porter, et, s'il est sage, de me suivre au plus tôt, car c'est sans doute aujourd'hui que je pars : ainsi l'ordonnent les Athéniens. Alors Simmias : Quelle recommandation fais-tu là à Événus, ô Socrate? Je me suis souvent trouvé avec lui, et, autant que j'en puis juger, ce n'est pas très-volontiers qu'il t'obéira. — Quoi! dit Socrate, Événus n'est-il pas philosophe? — Je le crois, répondit Simmias. — Eh bien! donc, Événus voudra me suivre, lui et quiconque s'occupe dignement de la philosophie. Seulement il n'attentera peut-être pas à ses jours, car on dit que cela n'est pas permis.

En disant ces mots, Socrate laissa glisser sa jambe de son lit sur le sol et, restant assis, parla dans cette position tout le reste du jour.

Qu'entends-tu par là, Socrate? lui demanda Cébès. Il n'est pas permis de se faire violence à soi-même, et pourtant le philosophe doit vouloir suivre celui qui meurt. — Eh! quoi, Cébès, n'avez-vous pas, Simmias et toi, entendu sur cette question Philolaüs[1], dans l'intimité de qui vous avez vécu? — Jamais il n'a rien dit là-dessus de bien clair, répondit Cébès. — Pour moi, reprit Socrate, je n'en parle que par ouï-dire; rien ne m'empêche de vous rapporter ce que j'en ai appris. Et peut-être est-il fort convenable qu'au moment de partir j'examine et j'expose l'idée que nous nous faisons du voyage dans l'autre vie : que pourrions-nous faire de mieux jusqu'au coucher du soleil?

1. Philolaüs, célèbre philosophe pythagoricien, né à Crotone. Il composa sur la physique trois livres dont Platon faisait tant de cas, qu'il les acheta de ses héritiers au prix de cent mines (environ 9,300 fr.). Philolaüs paraît être le premier qui ait conçu le mouvement annuel de rotation de la terre autour du soleil. Après le désastre de l'école pythagoricienne, il vint à Thèbes, où Cébès put profiter de son enseignement.

VI. *Discussion sur le suicide. L'homme doit attendre l'ordre des dieux pour sortir de la vie.*

— Et pourquoi donc, Socrate, reprit Cébès, dit-on qu'il n'est pas permis de se donner la mort? Et, pour répondre à ta question de tout à l'heure, j'ai bien entendu dire à Philolaüs, lorsqu'il était parmi nous, et aussi à quelques autres, que cela n'est pas permis; mais aucune démonstration claire ne m'en a jamais été donnée par personne. — Il faut avoir bon courage, repartit Socrate; peut-être seras-tu plus heureux. Mais tu serais surpris, sans doute, qu'il n'en fût pas de cette question comme des autres, et qu'on pût répondre d'une manière absolue que jamais et pour personne la mort n'est préférable à la vie [1]. Et si, au contraire, il est des hommes pour qui la mort est préférable, tu ne seras pas moins surpris qu'il leur soit interdit, sous peine d'impiété, de se rendre service à eux-mêmes, et qu'ils soient obligés d'attendre un bienfaiteur étranger. — Mais oui, par Jupiter! dit Cébès en souriant et employant une locution de son pays [2]. — Et en effet, reprit Socrate, cette opinion peut, sous cette forme, sembler absurde; mais peut-être n'est-elle pas sans raison. La maxime qu'enseignent sur ce point les mystères [3], que nous sommes ici-bas comme dans un poste, et que personne ne doit se délivrer lui-même et s'enfuir, me paraît pleine de grandeur et d'un sens difficile à pénétrer. Mais ce qu'on peut dire justement, Cébès, c'est que les dieux prennent soin de nous, et que nous sommes au nombre de

1. Platon veut dire ici qu'il n'y a rien d'absolu dans les affaires humaines, et qu'il est difficile, *a priori*, d'admettre que la vie soit toujours et dans toutes les circonstances préférable à la mort. Étant donc admis que la mort vaut quelquefois mieux que la vie, une difficulté s'élève : Comment! demandera-t-on, n'est-il pas toujours permis de se tuer? Telle est l'objection qui doit se présenter à l'esprit de Cébès, et que Socrate va réfuter.

2. Ἴττω Ζεύς, Jupiter le sait; c'était une locution béotienne pour exprimer l'affirmative.

3. Il s'agit ici des mystères orphiques, cérémonies où sans doute étaient représentées, sous forme symbolique, les destinées de l'âme et son arrivée dans l'autre monde.

leurs possessions. N'est-ce pas ton avis ? — Sans doute, dit Cébès. — Eh bien! reprit Socrate, si l'un de tes esclaves se donnait la mort sans ton ordre, ne te mettrais-tu pas en colère contre lui, et, si tu le pouvais, ne le punirais-tu pas ? — Certainement, répondit-il. — A ce point de vue, il n'est donc pas déraisonnable de soutenir que l'homme ne doit pas sortir de la vie avant que Dieu ne lui en impose la nécessité, comme il me l'impose aujourd'hui.

VII. *Socrate répond à une objection proposée par Cébès contre la doctrine précédente sur le suicide.*

— Cela paraît assez probable, dit Cébès. Mais ce que tu disais tout à l'heure, que les philosophes consentent volontiers à mourir, pourrait bien sembler absurde, s'il est vrai, comme nous l'avons reconnu, que la Divinité prend soin de nous, et que nous sommes sa chose. En effet, il n'est pas raisonnable d'admettre que les plus sages des hommes puissent sans chagrin se voir arrachés à la sollicitude et aux soins des dieux, les meilleurs maîtres qui puissent exister. Le sage ne peut penser qu'il se gouvernera mieux quand il sera libre. Le fou pourrait sans doute croire qu'il faut au plus tôt fuir un maître, sans réfléchir qu'il ne faut pas fuir ce qui est bon, mais s'y tenir attaché le plus étroitement possible : aussi pourrait-il bien prendre la fuite sans raison. Mais un homme sensé désirera toujours rester auprès de ce qui est meilleur que lui. Et ainsi, Socrate, il semble que ce soit tout le contraire de ce que tu disais tout à l'heure : c'est le sage qui doit s'affliger de mourir, le fou qui doit s'en réjouir.

Socrate me parut prendre plaisir à la subtilité de Cébès, et se tournant vers nous : Jamais, dit-il, Cébès n'est à bout de raisons, et il ne se rend pas facilement à ce qu'on lui dit. Alors Simmias : Ce que dit Cébès ne me paraît pas sans valeur ; car pourquoi des hommes véritablement sages voudraient-ils fuir des maîtres meilleurs qu'eux et consentiraient-ils volontiers à s'en séparer ? Et c'est contre toi que me semble dirigé le discours de Cébès, toi qui supportes si facilement de nous abandonner, nous et les dieux, ces maîtres excellents, comme tu le reconnais toi-même. — Vous avez raison, dit Socrate, et je crois que votre intention est de me forcer à faire mon apologie, comme devant le tribunal. — C'est cela même, dit Simmias.

VIII. *Socrate exprime l'espoir de retrouver dans une autre vie des dieux sages et bons.*

— Allons, reprit Socrate, j'essayerai d'être plus persuasif devant vous que devant les juges. Et certes, Simmias et Cébès, si je ne croyais pas aller vers d'autres dieux sages et bons, et aussi vers des hommes meilleurs que ceux d'ici-bas, j'aurais tort de ne pas m'attrister de mourir. Mais sachez bien que j'espère retrouver dans l'autre monde des hommes vertueux : je ne puis, il est vrai, l'assurer entièrement; mais quant à y retrouver des dieux, maîtres excellents, je l'affirme, autant que l'on peut affirmer quelque chose en ce genre[1]. Aussi je ne m'afflige pas trop, et j'ai bon espoir qu'il y a une destinée pour les hommes après la mort, et, selon l'antique tradition, qu'elle est meilleure de beaucoup pour les bons que pour les méchants. — Quoi donc, Socrate, dit Simmias, as-tu l'intention de t'en aller sans nous communiquer les motifs de ton espérance? Ne veux-tu pas plutôt nous les faire partager? Il me semble que c'est un bien qui nous est commun. En même temps, si tu nous persuades de ce que tu viens de dire, ton apologie est faite. — Je l'essayerai; mais écoutons d'abord Criton : voilà assez longtemps qu'il semble vouloir nous dire quelque chose. — Que pourrais-je avoir à dire, Socrate, répondit Criton, sinon que celui qui doit te donner le poison m'engage depuis longtemps à te recom-

1. Socrate dit de même dans l'*Apologie* : « Si la mort est un passage de ce séjour dans un autre, et si ce qu'on dit est véritable, que là est le rendez-vous de tous ceux qui ont vécu, quel plus grand bien peut-on imaginer, mes juges? Car enfin, si en arrivant aux enfers, échappés à ceux qui se prétendent ici-bas des juges, l'on y trouve les vrais juges, ceux qui passent pour y rendre la justice, Minos, Rhadamanthe, Éaque, Triptolème, et tous ces autres demi-dieux qui ont été justes pendant leur vie, le voyage serait-il donc si malheureux? Combien ne donnerait-on pas pour s'entretenir avec Orphée, Musée, Hésiode, Homère? Quant à moi, si cela est véritable, je veux mourir plusieurs fois, » (*Apologie*, trad. Cousin.)

mander de parler le moins possible? Il prétend que ceux qui parlent trop s'échauffent, et que cela empêche l'effet du poison; qu'autrement on est quelquefois forcé de donner deux et trois fois du poison à ceux qui parlent comme tu fais. — Laisse-le dire, répondit Socrate; qu'il prépare son breuvage comme s'il devait m'en donner deux fois, et même trois, s'il le faut. — Je prévoyais la réponse, dit Criton; mais voilà longtemps qu'il me tourmente. — Laisse-le, reprit Socrate. Mais il faut que je vous rende compte, à vous, mes juges, des raisons qui me font croire qu'un homme qui pendant toute sa vie s'est livré à l'étude de la philosophie doit être plein de confiance aux approches de la mort et avoir bon espoir qu'après cette vie il trouvera dans l'autre les plus grands biens. Qu'il en soit ainsi, je vais, Simmias et Cébès, m'efforcer de vous le prouver.

IX. *Motifs de l'espérance de Socrate. La vie du philosophe est une préparation à la mort, car le philosophe méprise le corps et les plaisirs sensibles.*

Le vulgaire semble ignorer que ceux qui s'occupent vraiment de philosophie ne s'exercent qu'à mourir et à être déjà morts[1]. Cela étant, le comble de l'absurdité serait, après avoir passé toute sa vie dans cet unique apprentissage, de se chagriner quand arrive cette mort depuis longtemps désirée et poursuivie. Simmias, se mettant à rire : Par Jupiter! Socrate, tu m'as fait rire, quoique à ce moment je n'en aie guère envie, car la plupart de ceux qui t'entendraient parler ainsi trouveraient, je pense, que ce que tu viens de dire s'applique parfaitement aux philosophes. Mes compatriotes au moins consentiraient volontiers à voir les philosophes mourir en effet, sachant bien, diraient-ils, qu'ils le méritent. — Et ils diraient vrai, Simmias, reprit Socrate, sauf ceci, qu'ils le savent; car ils ignorent et en quel sens les vrais philosophes recherchent la mort, et en quel sens ils en sont dignes et quelle mort ils méritent. Mais laissons-les dire, et parlons entre nous. La mort nous paraît-elle être quelque chose? — Sans doute, repartit Simmias. — Est-elle autre chose que la sépara-

---

1. *Tota philosophorum vita*, dit Cicéron traduisant Platon, *commentatio mortis est* (*Tuscul.*, I, XXXI).

tion de l'âme et du corps? Le corps séparé de l'âme et existant par lui-même, l'âme séparée du corps et existant par elle-même, n'est-ce pas là la mort? — Oui, certes. — Vois donc, mon cher, si nous serons d'accord sur ceci : car le principe que nous allons poser éclaircira, je crois, le problème qui nous occupe. Te semble-t-il qu'il soit d'un philosophe de rechercher ce qu'on appelle les plaisirs, comme les plaisirs du boire et ceux du manger? — Nullement, Socrate, répondit Simmias. — Eh quoi ! tous les autres soins que l'on donne au corps, crois-tu qu'un pareil homme en fasse grand cas? Par exemple, les habits élégants, les chaussures et tous les autres ornements du corps, crois-tu qu'il les estime ou qu'il les méprise, à moins qu'une nécessité pressante ne le force de s'en servir? Un vrai philosophe ne peut, selon moi, que les mépriser. — En résumé donc il te paraît, dit Socrate, que les soins ne s'adressent pas au corps, qu'il s'en détache au contraire le plus possible, et qu'il se tourne tout entier vers son âme? — Oui. — Ainsi, dans toutes les choses du genre de celles dont nous venons de parler, il est manifeste que le philosophe s'efforce autant que possible de séparer son âme du commerce du corps, et qu'il se distingue par là des autres hommes? — Je le crois. — Et pourtant, Simmias, la plupart des hommes se figurent que, quand on ne trouve aucun plaisir à ces sortes de choses et qu'on n'en use point, ce n'est pas la peine de vivre, et qu'il est presque mort, celui qui ne recherche plus les jouissances corporelles[1]. — Tu dis très-vrai.

X. *Le philosophe qui aspire à la science doit chercher autant que possible à se détacher du corps. Les sens engendrent dans l'âme l'ignorance et l'erreur.*

— Et que dire de l'acquisition de la science? Le corps est-il, oui ou non, un empêchement quand on l'associe à cette recherche? Voici ce que je veux dire. La vue et l'ouïe donnent-elles aux hommes quelque certitude, ou bien faut-il croire ce que ne cessent de nous chanter les poëtes, que nous n'entendons ni ne voyons rien véritable-

[1]. C'était la doctrine de quelques sophistes. Voy. le *Gorgias.*

ment[1]? Or, si ces deux sens nous trompent et nous éga-
rent, à plus forte raison les autres, qui sont beaucoup
moins exacts que ceux-là. N'est-ce pas ton avis? — Tout à
fait, dit Simmias. — Quand donc, reprit Socrate, l'âme
arrive-t-elle à la vérité? Car lorsqu'elle la cherche avec le
corps, il est manifeste qu'elle est trompée par lui. — Tu
dis vrai. — N'est-ce pas principalement dans l'acte de la
réflexion que quelque chose de la réalité se montre à l'âme?
— Oui. — Or, l'âme ne réfléchit jamais mieux que lorsqu'elle n'est troublée ni par l'ouïe, ni par la vue, ni par la
douleur, ni par la volupté, et que, se renfermant en elle-
même, laissant là le corps et, autant que cela lui est possible, s'affranchissant de tout commerce et de toute attache
avec lui, elle aspire vers ce qui existe véritablement. —
C'est bien cela. — Ainsi donc, même quand il s'agit de la
science, l'âme du philosophe méprise profondément le
corps, le fuit et cherche à être seule avec elle-même? — Il
me le semble. — Mais poursuivons, Simmias. Disons-nous
que la justice est quelque chose ou qu'elle n'est rien? —
Qu'elle est quelque chose, par Jupiter! — Et le beau et le
bien sont-ils quelque chose? — Assurément. — Mais les
as-tu jamais perçus par les yeux? — Non, dit-il. — Les
as-tu saisis par quelque sens corporel? Et ce que je dis là
s'applique aussi à la grandeur, à la santé, à la force, et
généralement à l'essence de toutes choses, c'est-à-dire à ce
qu'elles sont en elles-mêmes. Est-ce par le moyen du corps
que l'on connaît ce qu'elles ont de plus vrai et de plus
réel, ou bien n'est-on pas plus près de connaître ce qu'on
examine, qu'on s'applique à y réfléchir davantage et avec
plus de rigueur? — Assurément. — Eh bien! quel moyen
plus rigoureux de réfléchir que de penser avec la pensée
toute seule, (sans mêler à l'opération de l'intelligence ni la
vue ni quelque sensation que ce soit; de se servir de la
pure essence de la pensée en elle-même, pour essayer de
connaître la pure essence des êtres en soi, affranchi autant
que possible des yeux, des oreilles et pour ainsi dire du

1. Platon veut parler ici des poëtes pythagoriciens et éléates,
Parménide, Empédocle, Épicharme, dont les tendances étaient
fort idéalistes. « C'est l'esprit qui voit, c'est l'esprit qui entend. L'œil est aveugle, l'oreille est sourde. » ÉPICHARME. La
psychologie moderne confirme pleinement cette doctrine,

corps tout entier, comme d'une cause de trouble dont le commerce empêche l'âme de parvenir à la vérit et à la sagesse? S'il est un moyen d'atteindre l'essence de l'être, n'est-ce pas celui-là, Simmias ? — A merveille, Socrate, et tu dis parfaitement vrai.

XI. *Tous les maux de cette vie viennent du corps et des passions qu'il fait naître en nous. L'âme ne sera vraiment heureuse qu'après que la mort l'aura complétement délivrée de son enveloppe corporelle.*

— De tout ce qui précède, poursuivit Socrate, ne suit-il pas nécessairement que les véritables philosophes doivent être tous d'accord pour penser et se dire entre eux : « Ce n'est que par un chemin détourné que la raison peut nous conduire dans nos recherches; car aussi longtemps que nous aurons un corps, et que notre âme sera enchaînée à cette corruption, jamais nous n'obtiendrons complétement l'objet de nos désirs, je veux dire la vérité. En effet, le corps nous cause mille embarras par la nécessité où nous sommes de le nourrir; ajoutez les maladies, qui nous empêchent de poursuivre le vrai. Il nous remplit d'amours, de désirs, de craintes, d'imaginations et de sottises de toute espèce, en sorte qu'il ne nous laisse réellement, pour ainsi dire, aucune possibilité d'être sages. Qu'est-ce qui engendre les guerres, les séditions, les combats? Le corps et ses passions. Toutes les guerres, en effet, ont pour but la conquête des richesses, et c'est à cause du corps que nous sommes forcés d'en amasser, esclaves que nous sommes de ses besoins. Et voilà pourquoi nous n'avons pas le temps de nous appliquer à la philosophie. Le plus grand mal, c'est que si par hasard il nous laisse quelque loisir, et que nous en profitions pour réfléchir à quelque chose, il intervient de toute manière au milieu de nos recherches, nous agite, nous trouble, nous étourdit, et nous met dans l'impuissance de discerner la vérité. Il nous est ainsi prouvé que si nous voulons savoir quelque chose avec certitude, il faut nous séparer du corps, et, avec l'âme elle-même, examiner les choses en elles-mêmes. C'est seulement lorsque nous serons morts que nous posséderons l'objet de nos désirs et de notre amour, la sagesse : tout notre discours le démontre; vivants, cela nous est impos-

sible. En effet, si nous sommes incapables de rien connaître purement avec le corps, il faut de deux choses l'une :
ou que nous ne connaissions jamais la vérité, ou que nous
ne la connaissions qu'après la mort ; car alors seulement
l'âme existera par elle-même, séparée du corps. Tant que
nous vivrons, nous serons, semble-t-il, d'autant plus près
de la vérité que nous n'aurons avec le corps aucun rapport
ni commerce, excepté dans les limites de la plus stricte
nécessité, que nous ne nous laisserons pas remplir de sa
corruption naturelle, que nous nous conserverons purs de
ses souillures, jusqu'à ce que Dieu lui-même vienne nous
délivrer. C'est ainsi que, purifiés et délivrés de la folie du
corps, nous irons, je l'espère, dans la compagnie d'hommes
purs comme nous, et nous connaîtrons par nous-mêmes
l'essence des choses, et cette essence, c'est sans doute la
vérité ; mais à qui n'est pas pur il n'est pas permis d'atteindre ce qui est pur. » Voilà, Simmias, ce qu'il me paraît
que les vrais amants de la sagesse doivent nécessairement
penser et se dire entre eux : n'est-ce pas aussi ton opinion ? — Entièrement, Socrate.

XII. *Conclusion. La mort, qui délivre l'âme du corps, remplit tous*
les vœux du vrai philosophe.

— S'il en est ainsi, mon ami, poursuivit Socrate, tout
homme qui arrivera où je vais aujourd'hui doit avoir bon
espoir qu'il possédera là, mieux que partout ailleurs, ce
qui dans la vie passée nous aura coûté tant de peine : et
ainsi ce voyage qui m'est présentement ordonné, je l'entre-
prends rempli d'espérance ; et tout homme qui croit son
âme préparée, et comme purifiée, sera dans les mêmes
dispositions. Or purifier l'âme, n'est-ce pas, comme nous
l'avons déjà dit, la séparer du corps le plus possible, l'ha-
bituer à se retirer en quelque sorte de toutes les parties
du corps, à se recueillir et se ramasser sur elle-même, et à
vivre, autant que faire se peut, et dans cette vie et dans
l'autre, seule avec elle-même, affranchie du corps comme
d'une chaîne ? — C'est tout à fait cela, dit Simmias. — Et
cette délivrance de l'âme, cette séparation d'avec le corps,
n'est-ce pas ce qu'on appelle la mort ? — Assurément. —
Mais ne disions-nous pas que, seuls, les vrais philosophes

font de cette délivrance le principal objet de leurs désirs? Affranchir l'âme, la délivrer du corps, n'est-ce pas là l'occupation même des philosophes[1]? — Il me le semble. — Ne serait-il donc pas ridicule, comme je le disais en commençant, de s'exercer pendant toute la vie à vivre comme si l'on était tout près de mourir, et ensuite de se fâcher quand la mort arrive? ne serait-ce pas ridicule? — Sans doute. — Donc, en réalité, Simmias, les vrais philosophes s'exercent à la mort, et, de tous les hommes, ce sont eux qui la craignent le moins. Penses-y : s'ils ne cessent d'accuser le corps, s'ils aspirent à cette vie où l'âme est seule avec elle-même, et si, quand ce moment arrive, ils s'épouvantent et s'emportent, n'y a-t-il pas une contradiction flagrante à ne pas aller très-volontiers où l'on espère obtenir ce qu'on a désiré toute sa vie : la sagesse, où l'on est affranchi de ce qu'on n'a cessé de maudire? Beaucoup d'hommes, pour avoir vu mourir ceux qu'ils aimaient, leurs femmes, leurs enfants, ont voulu descendre aux enfers, conduits par l'espérance d'y revoir les objets de leurs affections et de vivre avec eux, et un homme qui aime véritablement la sagesse, et qui a la ferme espérance de la trouver réellement aux enfers et non ailleurs, sera fâché de mourir, et n'ira pas de plein gré là où il obtiendra ce qu'il aime? Il ira sans doute, mon cher Simmias, s'il est véritablement philosophe, bien convaincu que là seulement il rencontrera la pure sagesse. Cela étant, ne serait-ce pas, comme je le disais tout à l'heure, une contradiction flagrante pour un tel homme à craindre la mort? — Assurément, dit Simmias.

1. Ces beaux préceptes de détachement, de renoncement, ne doivent pas nous faire oublier que notre destinée ici-bas n'est pas de nous absorber dans une contemplation stérile, mais d'agir, de lutter, d'accomplir le devoir à travers mille épreuves, de travailler de toutes nos forces au bien général, ce qui, du reste, est encore un moyen de travailler à notre perfectionnement. La morale platonicienne, d'une élévation et d'une pureté sublimes, semble parfois perdre un peu de vue les devoirs de l'homme envers ses semblables, envers sa famille et sa patrie (voy. le *Théétète* et la *République*). La morale chrétienne sait tenir la balance plus exacte entre la vie active et la vie contemplative.

XIII. *Le philosophe seul possède le vrai courage, la vraie tempé-*
rance et toutes les vertus. Les prétendues vertus du vulgaire ne
sont que des calculs de l'égoïsme.

— Ainsi donc, continua Socrate, toutes les fois que tu
verras un homme se fâcher quand il est près de mourir,
n'est-ce pas une marque sûre que cet homme n'était pas ami
de la sagesse, mais ami du corps? Et celui qui aime le
corps aime l'argent et les honneurs; l'un des deux ou tous
deux en même temps. — Cela est tout à fait comme tu le
dis. — Donc encore, Simmias, ce qu'on appelle le courage
ne convient-il pas particulièrement aux philosophes? —
Certainement. — Et ce que le vulgaire même appelle la
tempérance, cette vertu qui consiste à ne pas se laisser
troubler par les passions, à les mépriser et à se conduire
avec modération, convient-elle à d'autres qu'à ceux qui
méprisent le corps et vivent dans l'étude de la philosophie?
— Nullement. — Car si tu veux considérer le courage
et la tempérance des autres hommes, tu les trouveras très-
absurdes. — Comment cela, Socrate? — Tu sais, reprit-il,
que tous les autres hommes considèrent la mort comme
l'un des plus grands maux. — Oui certes, dit Simmias. —
Quand donc ceux qui parmi le vulgaire sont courageux
endurent la mort, n'est-ce pas par crainte de maux encore
plus grands? — Il en est ainsi. — Par conséquent, c'est
par crainte que tous les hommes sont courageux, excepté
les philosophes. Pourtant, il est absurde qu'un homme
soit courageux par crainte et par lâcheté. — Sans doute.
— Eh quoi! n'en est-il pas de même de ceux du vulgaire
qui sont tempérants? Ils ne sont tempérants que par
intempérance, quoique cela paraisse impossible. Voilà
pourtant ce qui arrive de cette folle intempérance : ce qui
les retient, c'est la crainte d'être privés des autres voluptés
qu'ils convoitent; ils ne s'abstiennent de certains plaisirs
que parce qu'ils sont dominés par d'autres. Ils appellent,
il est vrai, intempérance d'être gouvernés par les passions,
et néanmoins il leur arrive de ne surmonter certaines
voluptés que parce que d'autres voluptés les asservissent :
ce qui ressemble fort à ce que nous disions tout à l'heure,

qu'ils sont tempérants par intempérance¹. — Cela paraît assez vraisemblable. — O mon cher Simmias, considère que ce n'est pas un très-bon échange pour conduire à la vertu que d'échanger des voluptés pour des voluptés, des tristesses pour des tristesses, des craintes pour des craintes, comme on change une pièce contre de la petite monnaie; que la seule bonne monnaie, contre laquelle il faut échanger tout cela, c'est la sagesse; qu'avec elle, et par elle, on achète réellement ces divines marchandises : courage, tempérance, justice; qu'en un mot la vraie vertu est avec la sagesse, indépendamment des voluptés, des craintes et autres passions semblables; tandis que, séparée de la sagesse, cette vertu, qui n'est que l'échange des passions, est un pur fantôme, une vertu servile, sans solidité, sans vérité; car la vérité de la vertu consiste essentiellement dans la purification de toutes les passions, et la tempérance, la justice, le courage, la sagesse même, sont des purifications. Il semble bien que ceux qui ont établi les initiations n'étaient pas des hommes méprisables, mais des esprits supérieurs qui, dès la plus haute antiquité, nous ont réellement enseigné, sous le voile des symboles, que celui qui arrive aux enfers sans être initié ni purifié restera dans la fange, mais que celui qui y arrivera après avoir accompli les purifications et les rites habitera avec les dieux². Or, disent les initiés, beaucoup portent le thyrse, mais peu sont inspirés de Bacchus³; et ceux-là ne sont, selon mon avis, que ceux qui ont bien philosophé. Je n'ai rien négligé pendant ma vie pour être de ce nombre,

1. Platon réfute ici en quelques mots les doctrines qui prétendent fonder la morale sur le principe de l'intérêt bien entendu, et dont les représentants les plus célèbres dans l'histoire de la philosophie sont, chez les anciens, Épicure, et chez les modernes, Hobbes et Bentham. S'abstenir d'un plaisir passager uniquement en vue d'un plaisir plus durable, ce n'est pas, en effet, obéir au motif moral dont le caractère essentiel est d'être désintéressé; ce n'est proprement que de l'égoïsme, et l'intérêt personnel n'a par lui-même rien d'obligatoire.

2. C'était une maxime orphique. Il paraît certain que les cérémonies des mystères avaient surtout pour objet d'initier les croyants au dogme de l'immortalité de l'âme.

3. Un Père de l'Église rapproche cette sentence de celle de saint Matthieu : Beaucoup d'appelés, mais peu d'élus.

et j'ai fait tous mes efforts pour y parvenir. Si j'ai suivi la
bonne voie et si j'ai quelque peu réussi, j'espère le savoir
bientôt dans l'autre vie, s'il plaît à Dieu. Voilà, Simmias
et Cébès, comment je voulais me justifier de n'éprouver ni
chagrin ni colère en vous quittant, vous et les maîtres de ce
monde, car j'ai confiance que dans l'autre aussi je trou-
verai de bons amis et de bons maîtres; mais le vulgaire
n'a pas cette conviction. Si, dans cette apologie, j'ai
été plus persuasif auprès de vous qu'auprès des juges
d'Athènes, je suis content.

XIV. *Cébès exprime la crainte que l'espoir de Socrate ne soit chimé-
rique. Nécessité d'une démonstration rigoureuse de l'immortalité
de l'âme.*

Socrate ayant ainsi parlé, Cébès prit la parole et dit .
Socrate, tout ce que tu viens de dire me semble vrai;
mais ce que tu as dit de l'âme, les hommes ont peine à le
croire. Ils craignent qu'au moment où elle se sépare du
corps elle ne cesse d'exister, et que, le jour même où
l'homme expire, elle ne se dissipe comme un souffle ou
une fumée et ne s'évanouisse sans laisser de traces. Si
elle subsistait quelque part, recueillie en elle-même et
délivrée de tous les maux dont tu nous as parlé, il y aurait
une grande et belle espérance, Socrate, que tout ce que tu
as dit fût vrai. Mais que l'âme subsisté après la mort de
l'homme, qu'elle conserve l'activité et l'intelligence, voilà
ce qu'on ne peut accepter sans de bonnes preuves et sans
une foi robuste. — Tu dis vrai, Cébès, reprit Socrate; mais
que faire? Veux-tu que nous examinions, dans cette conversation, si cela est vraisemblable ou non? — Quant à
moi, dit Cébès, j'écouterai volontiers ton opinion sur ce
sujet. — Je ne pense pas au moins, reprit Socrate, qu'aucun
de ceux qui m'entendraient aujourd'hui, fût-ce un poëte
comique, pût me reprocher de badiner et de discourir sur
ce qui ne me regarde pas[1]. Si donc tu le veux, commençons notre examen. Cherchons d'abord si les âmes des
morts sont dans les enfers ou si elles n'y sont pas.

1. C'est un reproche que lui avait adressé Eupolis, poëte
comique.

XV. *Développement de l'argument des contraires. Toutes choses dans la nature naissent de leurs contraires.*

C'est une tradition bien ancienne, venue jusqu'à nous, que les âmes qui ont quitté ce monde vont aux enfers, et qu'ensuite elles reviennent sur cette terre, et du sein de la mort retournent à la vie[1]. Et si cela est vrai, que les morts redeviennent vivants, n'est-ce pas aux enfers que sont nos âmes pendant cet intervalle? car elles ne reviendraient pas au monde si elles n'existaient plus; et nous aurons suffisamment prouvé leur existence, si nous montrons clairement que les vivants ne naissent que des morts. Si cela n'est point, il nous faudra chercher une autre preuve. — Assurément, dit Cébès. — Mais pour résoudre plus facilement la question, ne l'examinons pas seulement par rapport aux hommes, mais encore par rapport aux animaux, aux plantes et, en général, à tout ce qui naît ; nous verrons que toutes les choses naissent de la même manière, c'est-à-dire de leurs contraires, quand elles en ont, comme le beau a pour contraire le laid, le juste a pour contraire l'injuste, et de même pour mille autres choses. Examinons donc si c'est une nécessité que les choses qui ont un contraire ne naissent que de ce contraire; par exemple, quand une chose devient plus grande, n'est-il pas nécessaire que cette chose ait été auparavant plus petite, pour devenir ensuite plus grande? — Certainement. — Et quand une chose devient plus petite, ne faut-il pas, pour devenir telle, qu'elle ait été plus grande auparavant? — Sans doute. — Et de même, le plus faible ne vient-il pas du plus fort, et le plus rapide du plus lent? — Évidemment. — Et quand une chose devient pire, n'est-ce pas de ce qu'elle était meilleure; et quand elle devient plus juste, n'est-ce pas de ce qu'elle était moins juste? — Il n'en peut être autrement. — Ainsi donc, dit Socrate, il nous est suffisamment prouvé que les contraires viennent des contraires? — Très-suffisamment. — Mais quoi! n'y a-t-il pas aussi entre ces deux contraires

---

1. Doctrine pythagoricienne, et même orphique, d'origine probablement orientale.

une double génération : l'une qui transforme celui-ci en celui-là; l'autre, réciproquement, qui transforme celui-là en celui-ci? Ainsi, entre le plus grand et le plus petit, il y a comme intermédiaires ces deux générations que nous désignons par les mots augmenter et diminuer? — Oui, dit Cébès. — N'en est-il pas de même de ce qu'on appelle se séparer et se mêler, se refroidir et s'échauffer, et de toutes les autres choses? Et, bien que quelquefois les mots nous fassent défaut, ne voyons-nous pas réellement qu'il est toujours nécessaire que ces contraires naissent de leurs contraires, et qu'entre les deux il y ait une génération qui les transforme réciproquement l'un en l'autre? — On n'en saurait douter.

XVI. *Conclusion de l'argument précédent. La mort naît de la vie; réciproquement, la vie doit sortir de la mort.*

— Eh bien! poursuivit Socrate, la vie n'a-t-elle pas un contraire, comme la veille a pour contraire le sommeil? — Certainement. — Quel est-il? — La mort. — La vie et la mort ne naissent-elles donc pas l'une de l'autre, puisqu'elles sont contraires, et n'y a-t-il pas entre elles deux générations, deux passages de l'une à l'autre? — Cela doit être. — Pour moi, poursuivit Socrate, je vais te dire la combinaison de deux de ces contraires dont nous venons de parler, et les deux générations qui transforment l'un en l'autre; toi, tu me diras l'autre combinaison. Je dis donc que l'un de ces contraires est le sommeil, et l'autre la veille; que du sommeil naît la veille, et de la veille le sommeil; et que le passage de la veille au sommeil, c'est l'assoupissement, et celui du sommeil à la veille, le réveil. Cela est-il vrai? — Très-vrai. — Dis-moi donc à ton tour ce qui en est de la vie et de la mort. Ne dis-tu pas que la mort est le contraire de la vie? — Sans doute. — Et qu'elles naissent l'une de l'autre? — Oui. — Qui donc naît de la vie? — La mort. — Et de la mort? — Il faut nécessairement avouer, dit Cébès, que c'est la vie. — C'est donc de ce qui est mort que naît ce qui vit, choses et hommes? — Il semble bien. — Donc, continua Socrate, nos âmes, après la mort, vont aux enfers? — Probablement. — Maintenant, des deux générations qui transforment l'un des contraires en l'autre, n'en est-il pas une qui est manifeste? Mourir est chose visible, n'est-ce pas? — Sans doute. — Mais que faire? Ne faut-il pas reconnaître une génération contraire à celle-là, ou bien la nature est-elle boiteuse de ce côté? N'est-il pas nécessaire que mourir ait son contraire? — Oui. — Et quelle est cette génération? — Revivre. — Revivre, poursuivit Socrate, est donc, s'il se produit, la génération qui des morts fait sortir les vivants. — Cela est vrai. — Nous sommes donc d'accord que les vivants naissent des morts, aussi bien que les morts des vivants : preuve suffisante, ce semble, que les âmes des morts existent nécessairement quelque part, d'où elles reviennent à la vie. — C'est une conséquence, dit Cébès, qui me paraît suivre nécessairement des prémisses que nous avons accordées.

XVII. *Confirmation de l'argument des contraires. Si les âmes étaient anéanties à la mort, toute vie finirait par s'éteindre, et la nature tomberait à la longue dans l'immobilité et le chaos.*

— Et je crois, Cébès, que nous ne les avons pas accordées sans raison. S'il n'y avait pas, en effet, une génération réciproque des choses formant, pour ainsi dire, un cercle; s'il n'y avait qu'une production directe de l'un des contraires par l'autre, sans aucun retour de ce dernier contraire à celui qui l'aurait engendré, ne comprends-tu pas que toutes choses auraient à la fin la même figure, tomberaient dans le même état, et que rien ne se produirait plus? — Comment dis-tu, Socrate? — Ce que je dis est facile à saisir. Si, par exemple, il y avait assoupissement sans que le réveil sortît jamais du sommeil, la nature finirait par surpasser Endymion[1], et rien n'aurait plus de figure quand la totalité des choses serait, comme lui, plongée dans le sommeil. Et si tout se confondait sans qu'il y eût jamais de séparation, on verrait arriver aussitôt ce que dit Anaxagore : *toutes les choses seraient ensemble*[2]. De

1. « Endymion, suivant la Fable, s'endormit, il y a je ne sais combien de siècles, sur le mont Latinos, en Carie, où peut-être dort-il encore. » Cicéron, *Tuscul.*, I, xxxviii.

2. Anaxagore, le maître de Socrate et de Périclès, le plus illustre des philosophes ioniens. Son livre commençait par ces mots d'une simplicité sublime : « Πάντα χρήματα ἦν ὁμοῦ· εἶτα

même, mon cher Cébès, si tout ce qui a reçu la vie venait à mourir et, une fois mort, demeurait dans le même état sans revivre, n'arriverait-il pas nécessairement qu'à la longue tout serait mort, et qu'il ne resterait plus rien qui vécût? Car si ce qui vit naît d'autre chose que de ce qui est mort, et si ce qui vit vient à mourir, le moyen que toutes choses ne soient enfin absorbées par la mort? — Il n'en peut être autrement, Socrate, répondit Cébès, et tu me parais être pleinement dans le vrai. — Il me semble aussi, Cébès, que nulle opinion n'est plus vraisemblable, et nous ne nous trompons pas en nous y arrêtant : il y a véritablement retour à la vie ; les vivants naissent des morts ; les âmes des morts existent : les âmes vertueuses sont mieux ; les âmes perverses, plus mal.

XVIII. *Preuve par la réminiscence. Apprendre n'est que se ressouvenir.*

Cébès prenant la parole : On en peut encore donner une autre preuve, dit-il ; car, s'il est vrai, comme je te l'ai souvent entendu démontrer, qu'apprendre n'est autre chose que se ressouvenir, il faut de nécessité que nous ayons appris dans une vie antérieure les choses dont nous nous ressouvenons dans celle-ci. Or, cela serait impossible si notre âme n'existait pas quelque part avant de venir sous la forme humaine ; et ainsi, de ce principe semble découler une nouvelle démonstration de l'immortalité de notre âme. — Mais, Cébès, dit Simmias, quelles sont les preuves de ce principe? Rappelle-les-moi, car je ne m'en souviens pas en ce moment. — Il n'y en a qu'une, mais très-belle, répondit Cébès, c'est que tous les hommes, si on les interroge bien, trouvent d'eux-mêmes sur toutes choses la vérité ; ce qu'ils seraient incapables de faire s'ils ne trouvaient en eux-mêmes la science et la droite raison. Mettez-les devant des figures de géométrie et autres choses de même genre, et vous vous convaincrez qu'il en est ainsi[1]. Si cette démonstration ne te persuade pas, Simmias,

ὁ νοῦς ἐλθὼν αὐτὰ διεκόσμησε. *Toutes les choses étaient mêlées; l'Intelligence survint et les ordonna.* »

1. Raisonnement un peu sophistique; car il y a une manière d'interroger qui appelle nécessairement la réponse qu'il

dit Socrate, vois si celle-ci t'amènera à penser comme
nous ; tu as sans doute quelque peine à croire que ce qu'on
appelle la science ne soit que réminiscence? — Non, dit
Simmias ; mais j'ai précisément besoin de ce dont il s'agit,
de me ressouvenir ; et déjà ce que m'a dit Cébès a presque
fait naître en moi le souvenir et la persuasion ; néanmoins,
j'écouterais avec plaisir les preuves nouvelles que tu veux
bien en donner. — Les voici, dit Socrate. Nous sommes
d'accord que, pour se ressouvenir, il faut avoir su auparavant ce dont on se ressouvient. — Certainement. — Sommes-
nous aussi d'accord que, lorsque la science se produit d'une
certaine manière, elle est une réminiscence? De quelle
manière? demanderez-vous. Si, par exemple, un homme,
ayant vu ou ayant entendu quelque chose, ou l'ayant
aperçue par quelque autre sens, n'acquiert pas seulement
la notion de la chose perçue, mais encore, à la suite de cette
idée, pense à une autre chose dont la connaissance n'est pas
de même nature que la première, ne disons-nous pas avec
raison que cet homme se ressouvient de la chose à laquelle
il a pensé en second lieu¹? — Comment dis-tu? — Je dis,
par exemple, que la connaissance d'un homme est autre
que la connaissance d'une lyre. — Assurément. — Eh bien !
ne sais-tu pas ce qui arrive à des amis quand ils voient
la lyre ou le vêtement, ou quelque autre chose dont
l'objet de leur tendre affection a l'habitude de se servir?
En apercevant la lyre, ils conçoivent dans la pensée l'image

s'agit d'obtenir. C'est ainsi que dans le dialogue du *Ménon*
Socrate fait démontrer un théorème à un esclave qui n'a jamais
appris la géométrie. En réalité, ce n'est pas l'esclave qui démontre le théorème, c'est Socrate. Ce qu'il y a de vrai dans la
doctrine de la réminiscence, c'est que nous recevons de Dieu en
naissant, non pas des connaissances toutes formées, non pas
même des idées, mais une faculté de concevoir certaines idées,
certains principes dont l'expérience ne peut expliquer la nécessité et l'universalité. Quelques psychologues anglais contemporains, et surtout M. Herbert Spencer, ont essayé de rendre
compte de cette raison innée par l'accumulation et l'organisa-
tion des expériences par l'hérédité pendant un nombre presque
infini de générations; cette hypothèse, que nous ne pouvons
exposer ici, est tout à fait insuffisante.

1. C'est le phénomène qu'on appelle aujourd'hui en psychologie l'association des idées.

de celui auquel cette lyre appartenait. C'est là une réminiscence; c'est ainsi qu'en voyant Simmias il est arrivé souvent qu'on s'est ressouvenu de Cébès. On pourrait citer mille autres exemples.— En effet, dit Simmias.— N'est-ce donc pas là, reprit Socrate, se ressouvenir, surtout lorsqu'il s'agit de choses que l'on avait oubliées, soit par la longueur du temps, soit faute d'y avoir pensé depuis? — C'est tout à fait cela. — Mais en voyant un cheval ou une lyre en peinture, n'est-il pas possible de se ressouvenir d'un homme? et, en voyant le portrait de Simmias, de se ressouvenir de Cébès? — Sans aucun doute. — A plus forte raison, en voyant le portrait de Simmias, on se ressouviendra de Simmias lui-même? — Assurément.

XIX. *L'âme possède certaines notions qui ne peuvent venir des sens, et qu'elle doit avoir acquises dans une autre vie* [1].

— Et n'arrive-t-il pas que la réminiscence est produite tantôt par des ressemblances, tantôt par des contrastes? — Sans doute. — Mais quand c'est par suite d'une ressemblance qu'on se ressouvient, ne faut-il pas de toute nécessité que l'on connaisse en même temps s'il manque, ou non, quelque chose au portrait pour ressembler parfaitement à l'original? — Il le faut, répondit Simmias. — Vois donc si tu ne seras pas de mon avis. Nous ne disons pas seulement qu'il y a de l'égalité entre un arbre et un autre arbre, une pierre et une autre pierre, et entre plusieurs choses semblables; mais nous disons encore qu'en dehors et abstraction faite de tous ces objets, l'égalité existe, différente de chacun d'eux, n'est-ce pas? Disons-nous que cette égalité en soi est quelque chose ou qu'elle n'est rien? — Certainement, nous disons qu'elle est quelque chose. — Mais connaissons-nous ce qu'elle est en elle-même? — Sans doute. — D'où avons-nous reçu cette connaissance? N'est-ce pas des choses dont nous venons de parler? voyant des arbres égaux, des pierres et autres choses de même nature

1. Dans les précédents chapitres, Platon avait exposé l'hypothèse inadmissible de l'existence chez les plantes et les animaux d'une âme de même nature que l'âme humaine. Dans ce chapitre et dans les trois suivants, il développe la doctrine, aussi peu acceptable, d'une existence de l'âme humaine antérieure à cette vie. Pour la discussion et la réfutation de ces deux doctrines, voyez notre Introduction, pages XXVII et XXIX.

égales, n'avons-nous pas, à la suite de ces perceptions, conçu l'idée de l'égalité, différente en elle-même de tous ces objets? Car ne te paraît-elle pas différente? Examine bien ceci : les pierres, les arbres, bien que restant souvent les mêmes, ne te paraissent-ils pas tour à tour égaux ou inégaux[1]? — Assurément. — Mais quoi! l'égalité elle-même, l'égalité dans son essence, te paraît-elle quelquefois inégalité? — Jamais, Socrate. — L'égalité et les choses égales ne sont donc pas la même chose? — Non certes. — Et cependant n'est-ce pas des choses égales, lesquelles sont différentes de l'égalité elle-même, que tu as tiré l'idée, la conception de cette égalité? — Rien de plus vrai, répondit Simmias. — Et aussi la notion de la ressemblance ou de la dissemblance de cette égalité avec les choses qui t'en ont suggéré l'idée? — Assurément. — Au reste, il n'importe, reprit Socrate. Du moment que la vue d'une chose t'en fait concevoir une autre, qu'elle soit semblable ou dissemblable, c'est là nécessairement une réminiscence. — Sans doute. — Poursuivons, dit Socrate. Que nous arrive-t-il en présence d'arbres égaux ou des autres choses égales dont nous avons parlé? Ces choses nous paraissent-elles égales comme l'égalité même, ou bien ne s'en faut-il pas beaucoup qu'elles ne soient égales comme cette égalité? — Il s'en faut beaucoup. — Ainsi nous sommes d'accord que lorsque quelqu'un, voyant une chose, pense que cette chose, comme, par exemple, celle que je vois en ce moment devant moi, est semblable à une certaine autre, sans pouvoir néanmoins lui ressembler complétement, et tout en restant au-dessous, il faut nécessairement que celui qui a cette pensée ait connu auparavant cette autre chose à laquelle il dit que celle-là ressemble, mais imparfaitement? — Il le faut. — Eh quoi! n'est-ce pas ce qui nous arrive, à nous aussi, relativement aux choses égales et à l'égalité? — Assurément. — Il est donc nécessaire que nous ayons vu cette égalité avant le temps où, ayant vu pour la première fois des choses égales, nous avons pensé qu'elles tendent toutes à être égales comme l'égalité même, mais sans pouvoir y atteindre. — Cela est nécessaire. — Mais nous convenons aussi que nous n'avons tiré cette pensée et qu'on ne peut la tirer d'ailleurs

1. Ils sont égaux ou inégaux selon les objets auxquels on les compare.
    2.

que de la vue, du toucher, ou de quelqu'un des sens. Et ce que je dis d'un sens s'applique à tous. — Cela est vrai, Socrate, au moins pour la conclusion qu'il s'agit d'établir en ce moment. — Il faut donc que ce soient les sens qui nous fassent concevoir cette pensée que toutes les choses sensibles [1] tendent vers l'égalité en soi, et qu'elles restent pourtant au-dessous. N'est-ce pas? — Assurément. — Ainsi, avant que nous ayons commencé à voir, à entendre, et à nous servir de nos autres sens, il faut que nous ayons possédé la science de l'égalité en soi et connu quelle est sa nature; autrement nous n'aurions jamais pu lui rapporter les choses égales sensibles et nous apercevoir qu'elles aspirent toutes à cette égalité, mais qu'elles lui sont inférieures? — C'est une conséquence nécessaire de ce qui a été dit, Socrate. — N'est-ce pas qu'aussitôt après notre naissance nous avons vu, entendu, et fait usage de tous les sens? — Oui. — Il faut donc qu'avant cette époque nous ayons eu la science de l'égalité. — Sans doute. — C'est donc, ce semble, avant notre naissance qu'il faut de nécessité que nous l'ayons acquise? — Il paraît.

XX. *Suite de la démonstration précédente. L'âme oublie, au moment de la naissance, les perceptions acquises dans une vie antérieure. Les perceptions sensibles en réveillent en elle le souvenir.*

— Si nous l'avons eue avant notre naissance, nous savions donc, et avant de naître, et à peine venus au monde, non-seulement ce qui est égal, ce qui est plus grand, ce qui est plus petit, mais toutes les choses de même nature. Car ce que nous disons maintenant n'est pas plus sur l'égalité que sur le beau en soi, sur le bien, sur le juste, sur le saint, et en un mot sur toutes les choses auxquelles, dans tous nos entretiens, nous assignons le caractère de l'existence; de sorte qu'il faut nécessairement que nous ayons eu, avant de naître, la science de toutes ces choses [2].

1. Qui sont égales.
2. Platon confond ici des choses de nature fort diverse. On ne peut pas dire que l'égalité en soi et en général les objets et les notions mathématiques aient une existence indépendamment des objets sensibles dont ils sont des abstractions. Ni la grandeur, ni la petitesse, ni les nombres, n'existent par eux-mêmes; tandis que la beauté, la justice absolues sont conçues par la raison comme les manifestations et les attributs d'une réalité

— Oui. — Nécessairement encore, si à chaque naissance
il ne nous arrivait pas de les oublier, nous naîtrions toujours avec la science, et nous la conserverions pendant
toute la vie; car savoir n'est autre chose que conserver
une connaissance acquise et ne pas la perdre; et ce que
nous appelons oublier, n'est-ce pas, Simmias, perdre les
connaissances acquises? — Certainement, Socrate. — Et
si ces connaissances que nous avions avant de naître, nous
les avons perdues après; qu'ensuite nous les recouvrions
en nous servant du ministère des sens : ce que nous appelons apprendre, ne serait-ce pas ressaisir une science qui
nous appartient? N'aurions-nous pas raison d'appeler cela
se ressouvenir? — Sans doute. — Car, nous l'avons dit, il
est possible que celui qui a perçu une chose par la vue,
par l'ouïe ou par quelque autre sens, pense, à l'occasion
de cette chose, à une autre qu'il a oubliée et avec laquelle
celle qu'il a perçue avait quelque rapport, soit qu'elle lui
ressemble, soit qu'elle ne lui ressemble pas. Et ainsi, de
deux choses l'une : ou bien nous naissons avec ces connaissances et nous les conservons pendant toute la vie ; ou
bien ceux qui, selon nous, apprennent ne font que se
ressouvenir, et la science n'est qu'une réminiscence. —
C'est tout à fait cela, Socrate.

XXI. *Conclusion : l'âme n'ayant pu recevoir ces notions au moment de la naissance, puisque c'est alors qu'elle les a oubliées, il
faut de nécessité qu'elle les ait acquises antérieurement.*

— Que choisis-tu donc, Simmias? Naissons-nous avec
la science, ou nous ressouvenons-nous plus tard de ce
que nous connaissions déjà? — Je ne sais présentement
que choisir, Socrate. — Mais quelle est ton opinion et ton
choix sur ceci : celui qui sait peut-il rendre raison de ce
qu'il sait ou ne le peut-il pas? — Il le peut certainement,
Socrate. — Et tous les hommes te paraissent-ils capables

parfaite, infinie, souverainement existante, qui est Dieu. Platon
ne distingue pas ici les notions abstraites et générales, produits
des procédés discursifs de l'entendement, des objets intelligibles, perçus par une intuition de la raison, et dont le caractère essentiel est la perfection. Cette distinction se trouve marquée dans d'autres passages, et notamment dans le VII° livre
de la *République* (*voir notre traduction de cet ouvrage*).

de rendre raison des choses dont nous venons de parler?
— Je le voudrais bien, répondit Simmias; mais je crains
fort que demain, à cette heure, il n'y ait plus un homme
qui puisse le faire dignement[1]. — Il ne te paraît donc pas,
Simmias, poursuivit Socrate, que tous les hommes pos-
sèdent ces connaissances? — Non certes. — Ils ne font
donc que se ressouvenir de ce qu'ils ont appris autrefois?
— Nécessairement. — Et à quelle époque nos âmes ont-
elles acquis ces connaissances? Car ce n'est pas depuis que
nous sommes devenus hommes. — Non assurément. —
C'est donc à une époque antérieure? — Oui. — Donc, Simmias, les âmes existaient déjà avant de revêtir la forme
humaine; elles existaient sans corps et possédaient la
science (φρόνησις). — A moins toutefois, Socrate, que nous
ne recevions ces connaissances au moment de naître : car
voilà le seul temps qui nous reste. — Soit, mon ami; mais
en quel autre temps les avons-nous perdues? car, lorsque
nous naissons, nous ne les avons déjà plus, comme nous
en sommes convenus tout à l'heure; les perdons-nous au
moment même où nous les recevons? ou peux-tu indiquer
un autre temps? — Non, Socrate; et je ne m'apercevais
pas que ce que je disais n'a pas de sens.

XXII. *L'existence de notre âme avant cette vie est une conséquence
nécessaire de l'existence des réalités intelligibles dont les notions
existent en nous antérieurement à toute expérience sensible.*

— Ainsi donc, Simmias, nous sommes assurés que si
toutes ces choses dont nous ne cessons de parler existent
réellement : je veux dire le beau, le bien et toutes les autres
essences de même nature; s'il est vrai que nous leur rap-
portons toutes les perceptions sensibles comme à un
modèle qui existait d'abord en nous-mêmes et que nous y
découvrons; s'il est vrai que c'est d'après ce modèle que
nous nous en faisons des idées, il faut nécessairement que,
comme ces essences existent, notre âme aussi existe, et
cela même avant notre naissance. Mais si les essences
n'existent pas, tout notre raisonnement s'écroule. Tout cela
n'est-il pas incontestable, et n'y a-t-il pas une égale nécessité

1. *C'est-à-dire :* Socrate, qui demain sera mort, est le seul
homme capable de se rendre compte de ce qu'il sait et de ce
qu'il ne sait pas.

que ces choses existent et que nos âmes existent également avant notre naissance, ou que si les essences ne sont
pas, nos âmes ne soient pas non plus? — Très-certaine-
ment, Socrate, c'est une égale nécessité, répondit Simmias,
et c'est une heureuse conclusion de notre discours que
l'existence de l'âme avant notre naissance soit aussi assurée
que celle des essences même, dont tu viens de parler. Car,
pour moi, nulle existence n'est aussi évidente que celle du
beau et du bien, et de tous les objets de même nature : la
démonstration me paraît, quant à moi, suffisante. — Et
Cébès? dit Socrate ; car il faut aussi que Cébès soit persuadé. — Je pense qu'il l'est, dit Simmias; et pourtant
c'est bien l'homme le plus rebelle à la conviction. Je le
crois néanmoins suffisamment convaincu que notre âme
existait avant notre naissance.

XXIII. *Objection de Simmias : l'existence de l'âme avant cette vie
ne prouve pas son existence après la mort. Réponse de Socrate.*

Mais qu'elle subsiste aussi après la mort, c'est ce qui
ne me paraît pas à moi-même suffisamment prouvé[1], car
il reste encore à réfuter cette opinion vulgaire que Cébès
rapportait tout à l'heure : qu'à la mort de l'homme l'âme
se dissipe et cesse ainsi d'exister. Qui empêche, en effet,
que l'âme naisse, qu'elle soit formée de principes venus de
côtés différents, qu'elle existe avant de descendre dans le
corps de l'homme, et qu'après s'être séparée de ce corps
elle meure et se dissolve comme lui? — Tu dis fort bien,
Simmias, ajouta Cébès; car il me semble qu'il n'a été
démontré que la moitié de ce qu'il fallait prouver. On a
bien établi que notre âme existait avant notre naissance;
mais, pour que la démonstration soit complète, il faut faire
voir qu'après notre mort notre âme n'existera pas moins
qu'elle a existé avant cette vie. — Mais cette démonstration a été faite, Simmias et Cébès, reprit Socrate; vous

1. Il peut sembler fort étrange que les anciens aient trouvé
l'existence de l'âme avant cette vie plus évidente que son existence après la mort. La croyance à l'immortalité fut toujours,
dans l'antiquité, vague et incertaine; la révélation chrétienne
pouvait seule lui donner un fondement d'une inébranlable solidité.

n'avez pour cela qu'à joindre en un seul raisonnement la preuve qui a été donnée en dernier lieu avec celle que vous aviez précédemment admise, que les vivants naissent des morts. Car si notre âme existe avant notre naissance, et si quand elle arrive à la vie elle ne peut venir que de la mort, n'est-il pas nécessaire qu'elle existe encore après la mort, puisqu'elle doit retourner à la vie? Ce que vous demandez a donc été démontré.

XXIV. *Terreurs enfantines des disciples. Nécessité d'une démonstration plus décisive.*

Cependant, Simmias et toi, vous désirez, ce me semble, traiter ce point plus à fond, et vous paraissez réellement craindre, comme les enfants, que quand l'âme sort du corps, le vent ne l'emporte et ne la dissipe, surtout lorsqu'on meurt par un grand vent. — Cébès, souriant : Mets que nous le craignons, Socrate, répondit-il, et tâche de nous persuader; ou plutôt, ce n'est pas nous qui le craignons, mais il se pourrait qu'il y eût en nous un enfant qui le craignît[1]. C'est cet enfant qu'il nous faut amener à ne pas craindre la mort comme un masque hideux. — Il faut, reprit Socrate, employer chaque jour les enchantements, jusqu'à ce que vous l'ayez guéri. — Mais, dit Cébès, où trouverons-nous pour cela un bon enchanteur, puisque tu vas nous quitter? — La Grèce est grande, Cébès, répondit Socrate, elle contient beaucoup d'hommes habiles; de plus, il y a bien des nations barbares; il vous faut parcourir tous ces pays et chercher cet enchanteur, sans épargner ni dépense ni travail; car il n'y a rien à quoi vous puissiez mieux employer votre argent. Il faut aussi que vous le cherchiez parmi vous; car peut-être ne trouverez-vous pas facilement quelqu'un qui soit plus capable que vous-mêmes de faire ces enchantements. — Nous n'y manquerons pas, répondit Cébès; mais revenons, s'il te plaît, au point où nous en sommes restés. — Volontiers; rien ne nous en empêche. — Parfaitement, Socrate.

1. C'est-à-dire qu'il y a dans l'âme une partie irraisonnable, puérile, qui persiste dans ses craintes, malgré toutes les démonstrations. C'est la sensibilité, l'imagination, en opposition à la raison, que Platon désigne ainsi.

XXV. *Preuve par la simplicité de l'âme. Le composé seul se dissout; les essences sont simples et inaltérables.*

— Ne devons-nous pas d'abord, reprit Socrate, nous demander à nous-mêmes à quelle sorte d'objets il arrive naturellement de se dissoudre; pour quelles choses il convient de craindre cet accident; pour quelles choses il n'est pas à craindre. Ensuite, ne devons-nous pas examiner auquel de ces deux genres appartient l'âme, et, d'après cet examen, espérer ou craindre pour elle? — Cela est vrai. — N'est-ce pas aux choses qui sont en composition, et qui sont composées de leur nature, qu'il convient de se dissoudre de la même manière qu'elles ont été composées? Mais s'il y a des choses qui ne soient pas composées, ne sont-elles pas les seules que la dissolution ne puisse atteindre? — Il me semble, dit Cébès, qu'il doit en être ainsi. — Mais les choses qui sont toujours les mêmes et dans le même état, n'y a-t-il pas toute apparence qu'elles ne sont pas composées? Celles, au contraire, qui changent à chaque instant et ne sont jamais les mêmes ne doivent-elles pas être composées? — Il me le semble. — Arrivons maintenant à ces choses dont nous parlions tout à l'heure. L'essence que, dans nos demandes et dans nos réponses, nous ne pouvons définir autrement qu'en disant qu'elle *est*, est-elle toujours la même ou change-t-elle avec le temps? L'égalité en soi, le beau en soi, toutes les réalités essentielles à qui convient le nom d'*être*, reçoivent-elles jamais quelque changement, si faible qu'il soit, ou chacune de ces essences, étant simple par sa nature, ne reste-t-elle pas toujours la même en elle-même, sans recevoir jamais d'aucune cause ni d'aucune manière le moindre changement? — Il faut nécessairement, Socrate, répondit Cébès, qu'elles restent toujours les mêmes, sans jamais changer. — Mais que dirons-nous de ces choses en grand nombre qui participent de la beauté ou de l'égalité, ou de quelque autre essence : hommes, chevaux, vêtements et autres choses semblables? Ces objets sont-ils toujours les mêmes ou, tout au contraire des essences, ne sont-ils, pour ainsi dire, jamais dans le même état, ni par rapport à eux-mêmes, ni par rapport aux autres? — Comme tu le dis, Socrate, ils ne sont jamais dans le même

état. — Or, ce sont des choses que l'on peut voir, toucher,
percevoir par les autres sens, tandis que celles qui sont
toujours les mêmes, on ne peut les saisir que par la
pensée ; elles sont sans forme : on ne les voit point.

XXVI. *L'âme, invisible, est de la nature des essences, et non de*
celle des choses matérielles et visibles.

— Ce que tu dis est parfaitement vrai. Posons donc, si
tu le veux, deux espèces de choses : l'une visible, l'autre
invisible. — Je le veux bien. — L'espèce invisible est toujours la même ; l'espèce visible change à chaque instant.
— Je l'admets encore. — Voyons, y a-t-il en nous autre
chose que l'âme et le corps ? — Non, répondit Cébès. —
A laquelle de ces deux espèces dirons-nous que notre
corps est plus ressemblant et plus conforme ? — Il est
manifeste pour tout le monde que c'est à l'espèce visible.
— Et l'âme? est-elle visible ou non ? — Elle est invisible,
au moins pour les hommes, Socrate. — Mais, quand nous
parlons de choses visibles ou invisibles, parlons-nous par
rapport à la nature humaine ou par rapport à quelque
autre ? — Par rapport à la nature humaine. — Que dirons-
nous donc de l'âme? qu'elle est visible ou qu'elle ne l'est
pas ? — Qu'elle ne l'est pas. — Elle est donc invisible? —
Oui. — Donc notre âme ressemble plus que le corps à
l'espèce invisible, et le corps à l'espèce visible? — Cela est
absolument nécessaire, Socrate.

XXVII. *La connaissance sensible trouble l'âme ; la contemplation*
des essences immuables la soustrait au changement qui est con-
traire à sa nature.

— N'avons-nous pas dit tout à l'heure que lorsque
l'âme se sert du corps pour examiner quelque chose, soit
par la vue, soit par l'ouïe, soit par quelque autre sens
(car examiner par le corps, c'est examiner par les sens),
alors elle est entraînée par le corps vers ce qui change sans
cesse ; elle s'égare, elle se trouble, elle est saisie de vertige
comme si elle était ivre, pour s'être mise en contact avec
des objets qui sont dans les mêmes dispositions. — Tout
à fait. — Mais quand l'âme examine les choses par elle-
même, alors elle se dirige vers ce qui est pur, éternel,

immortel, immuable; elle y reste toujours attachée, comme
étant de même nature, aussi longtemps du moins qu'il lui
est possible de demeurer en elle-même; son égarement
cesse; elle est toujours la même, parce qu'elle est en contact avec des choses qui ne changent pas. Cet état de l'âme
s'appelle la sagesse, n'est-ce pas? — Cela est aussi vrai
que bien dit, Socrate. — A quelle espèce d'êtres l'âme te
paraît-elle plus ressemblante et plus conforme, d'après ce
que nous avons établi plus haut et ce que nous venons
de dire? — Il me semble, Socrate, qu'une telle méthode
forcerait le plus ignorant à convenir que l'âme est en tout
plus semblable à ce qui est toujours le même [1] qu'à ce qui
change toujours. — Et le corps? — A l'espèce qui change.

XXVIII. *Il est de la nature de l'âme de commander au corps; ce
qui commande est plus divin que ce qui obéit, l'âme ressemble
donc à ce qui est divin.*

Considérons la même chose d'un autre point de vue.
Quand l'âme et le corps sont unis, la nature ordonne au
corps d'obéir et d'être esclave, à l'âme de commander
et d'être la maîtresse. D'après cela, lequel des deux te
paraît semblable à ce qui est divin; lequel te paraît ressembler à ce qui est mortel? Ne penses-tu pas que ce qui
est divin est, de sa nature, capable de commander et d'être
le maître, et que ce qui est mortel est fait pour obéir et
être esclave [2]? — Oui. — Auquel des deux l'âme ressemble-
t-elle? — Il est évident, Socrate, que l'âme ressemble à ce
qui est divin, et le corps à ce qui est mortel. — Vois donc,

1. Il y a sans doute dans l'âme quelque chose qui ne change
pas: c'est son essence, principe et condition de l'identité personnelle; ce sont aussi les vérités nécessaires et immuables de
la raison. Mais il y a quelque chose qui change sans cesse : ce
sont les phénomènes, les actes particuliers de conscience. Le
raisonnement de Platon ne s'applique donc pas en toute rigueur
à l'âme tout entière, telle que l'observation nous la fait connaître.
2. Dans le *Premier Alcibiade*, Platon définit de même l'âme
« une chose qui se sert du corps. » Cette définition a été
acceptée par Bossuet (*Connaissance de Dieu et de soi-même*,
chap. III, § 20). M. de Bonald a dit, à peu près comme Platon :
L'âme est une intelligence servie par des organes.

Cébès, si de tout ce que nous venons de dire il ne s'ensuit pas que l'âme ressemble tout à fait à ce qui est divin, immortel, intelligible, simple, indissoluble, toujours le même et toujours semblable à lui-même, et que le corps, au contraire, ressemble parfaitement à ce qui est humain, mortel, sensible, composé, dissoluble, et jamais semblable à lui-même. Avons-nous, mon cher Cébès, quelque autre chose à dire qui prouve la fausseté de cette conclusion? — Non, sans doute.

XXIX. *Le corps, même après la mort, ne se dissout que lentement; l'âme, de nature plus divine, doit entièrement échapper à la dissolution.*

— Eh bien! s'il en est ainsi, ne convient-il pas au corps d'être promptement dissous, et à l'âme d'être complétement indissoluble, ou quelque chose d'approchant? — Certainement. — Or, tu vois, reprit Socrate, qu'après que l'homme est mort, la partie visible de lui-même, le corps, ce qui est exposé à la vue, ce qu'on appelle le cadavre, à qui il convient de se dissoudre, de tomber en poussière, de se dissiper, n'éprouve immédiatement rien de tout cela, mais subsiste pendant assez longtemps; et si le mort avait un beau corps et qu'il fût encore à la fleur de l'âge, il se conserve pendant très-longtemps[1]; car, lorsque les corps sont réduits et embaumés, ainsi que cela se pratique en Égypte, ils se conservent presque intacts pendant un temps extrêmement long. Même si la corruption se produit, quelques parties du corps, les os, les nerfs et toutes les autres semblables sont, pour ainsi dire, immortelles, n'est-ce pas? — Oui. — L'âme donc, qui est quelque chose d'invisible et qui va dans un autre lieu semblable à elle, excellent, pur et invisible, et qui véritablement est l'*Hadès*[2] (ἀειδές, l'invisible), auprès d'un Dieu bon et sage, où, s'il plaît à Dieu, mon âme aussi va bientôt se rendre; l'âme, dis-je, étant telle et de telle nature, aussitôt séparée du corps, serait dissipée et anéantie, comme le dit le vulgaire! Il s'en faut de beau-

1. On trouve le même raisonnement dans le *Gorgias*. (Trad. Cousin, t. III, p. 406.)

2. Il y a dans le texte un rapprochement verbal qu'on ne peut traduire, entre le mot ἀειδές, qui veut dire *invisible*, et le mot Ἅδης, qui veut dire l'*autre monde*, les *enfers*. Selon l'étymologie que donne Platon dans le *Cratyle*, Ἅδης vient de ἀειδές.

coup, mes chers amis; mais bien plutôt voici ce qui arrive lorsqu'elle se sépare toute pure sans rien entraîner du corps avec elle, parce que pendant toute sa vie elle n'a eu avec lui aucune communication volontaire, mais, au contraire, l'a fui et s'est repliée sur elle-même, n'ayant d'autre soin que cette méditation; et c'est là bien philosopher et s'exercer à mourir véritablement, ou n'es-tu pas de mon avis? — Tout à fait. — L'âme donc, quand elle est dans cet état, se rend vers ce qui est semblable à elle, invisible, divin, immortel et sage; et alors elle se trouve heureuse, délivrée de l'erreur, de la folie, des craintes, des amours violents et de tous les autres maux de l'humanité; et, comme on le dit des initiés, elle passe véritablement l'éternité avec les dieux. Est-ce là ou non ce que nous devons dire, Cébès? — C'est cela, par Jupiter! répondit Cébès.

XXX. *Les âmes des méchants et des voluptueux, tout en étant immortelles, ne sont pas affranchies par la mort de tout commerce avec le corps.*

— Mais, au contraire, lorsqu'elle quitte le corps souillée et impure, parce qu'elle a toujours été mêlée avec lui, qu'elle l'a servi et aimé, qu'elle s'est laissée enchanter par lui, par les passions et les voluptés, jusqu'à croire qu'il n'y a rien de réel que ce qui a la forme corporelle, que ce qu'on peut toucher, voir, boire, manger; tandis qu'elle a pris l'habitude de haïr, de redouter et de fuir ce qui est obscur et invisible aux yeux, ce qui est intellectuel et ne se saisit que par la philosophie, penses-tu que l'âme, en pareil état, puisse sortir du corps parfaitement pure? — En aucune façon, répondit Cébès : il me semble, au contraire, qu'elle doit sortir toute pénétrée et enveloppée de cette nature corporelle que le commerce et l'union constante avec le corps, les soins empressés qu'elle a eus pour lui, lui ont en quelque sorte rendue essentielle. — Certainement. — Cette nature corporelle, mon cher Cébès, est lourde, pesante, terrestre et visible; l'âme, qu'elle embarrasse, est appesantie et entraînée de nouveau vers le monde visible par l'effroi de l'invisible et de l'Hadès : elle erre, dit-on, parmi les monuments et les tombeaux, autour desquels on a vu aussi quelquefois des fantômes ténébreux, comme doivent être les ombres des âmes qui, ayant quitté le corps sans être pures, participent encore de la nature corporelle et visible, ce qui fait qu'on peut les voir. — Cela est vraisemblable, Socrate. — Oui, Cébès, et il est vraisemblable aussi que de telles âmes ne sont pas celles des bons, mais celles des méchants, pour être ainsi forcées d'errer dans ces lieux en punition de leur première vie, qui a été méchante; et elles continuent d'errer jusqu'à ce que l'appétit de la nature corporelle qui les accompagne les oblige à reprendre un corps[1].

XXXI. *Les âmes humaines, selon la vie qu'elles ont menée ici-bas, passent, après la mort, dans le corps de différents êtres[2].*

Elles reprennent aussi, autant qu'on peut le conjecturer, des mœurs semblables à celles qui ont fait leur occupation dans leur première existence. — Que veux-tu dire par là, Socrate? — Par exemple, ceux qui se sont adonnés à la gourmandise, à l'ivrognerie, aux excès de même nature, sans aucune retenue, entrent vraisemblablement dans des corps d'ânes et d'animaux semblables[3] :

1. Socrate semble faire ici quelque concession aux superstitions populaires, car il admet la croyance aux revenants. Seulement il s'efforce d'épurer cette croyance et de lui donner une sorte de signification morale, en présentant comme un châtiment la condition des âmes qui errent la nuit autour des tombeaux. Seule, l'âme vertueuse est, selon Socrate, trop dégagée de la matière pour être après la mort exposée à pareille disgrâce.

2. L'hypothèse d'incarnations successives n'est pas plus admissible que celle d'une existence de l'âme avant cette vie. Voyez sur ce point notre Introduction, page XXVIII.

3. Dans le dixième livre de la *République*, Platon nous montre les âmes choisissant, avant de subir une nouvelle incarnation, les unes des corps d'animaux, les autres, différentes conditions humaines. « C'était un spectacle curieux de voir de quelle manière chaque âme faisait son choix. Rien n'était plus étrange, plus digne à la fois de compassion et de risée. L'Arménien avait vu, disait-il, l'âme qui avait appartenu à Orphée choisir la vie d'un cygne, en haine des femmes qui lui avaient donné la mort autrefois, ne voulant devoir sa naissance à aucune d'elles; l'âme de Thamyris avait choisi la condition d'un rossignol, et réciproquement un cygne, ainsi que d'autres ani-

ne le penses-tu pas? — Cela est très-vraisemblable. — Et
ceux qui n'ont recherché autre chose que les injustices,
la tyrannie, les rapines, deviennent des loups, des éper-
viers, des milans : des âmes de cette espèce peuvent-elles
aller dans d'autres corps? — Non, sans doute, répondit
Cébès. — Et il est manifeste aussi, reprit Socrate, que
chaque âme prend un corps en conformité avec les mœurs
qu'elle a eues pendant cette vie? — Certainement. — Les
plus heureux d'entre les hommes, ceux qui ont la destinée
la meilleure, ne sont-ils pas ceux qui ont exercé cette
vertu sociale qu'on appelle la modération et la justice,
l'ayant acquise par l'habitude et l'exercice, sans le secours
de la philosophie et de la contemplation intellectuelle? —
Comment ceux-là seraient-ils les plus heureux? — Parce
qu'il est vraisemblable qu'ils entreront dans une espèce
analogue, paisible et sociable comme eux, comme les
abeilles[1], les guêpes, les fourmis, ou même qu'ils rentre-
ront de nouveau dans l'espèce humaine et qu'il en résul-
tera des hommes pleins de modération. — Probablement.

XXXII. *Seuls, les vrais philosophes, qui se sont purifiés pendant
cette vie, parviennent au rang des dieux.*

— Quant à parvenir au rang des dieux, ceux qui n'ont
pas philosophé et ne sont pas sortis de cette vie complétement purs ne le peuvent : cela n'est permis qu'au
philosophe. C'est pourquoi, Simmias et Cébès, les vrais
philosophes s'abstiennent de toutes les passions corporelles, leur résistent et ne s'y abandonnent jamais, bien
qu'ils ne craignent ni la ruine de leur fortune et la pau-
vreté, comme le vulgaire et ceux qui aiment l'argent, ni
le mépris et l'ignominie, comme ceux qui aiment la puis-

maux musiciens comme lui, avait adopté la nature de l'homme. »
(Trad. Cousin, t. X, p. 291.)

1. Aristote (*De generatione animalium*, III, 760) a attribué de
même aux abeilles une intelligence supérieure, et d'origine
divine, comme celle de l'homme; opinion que Virgile a reproduite, sans l'adopter, dans les vers célèbres :

His quidam signis, atque hæc exempla secuti,
Esse apibus partem divinæ mentis, et haustus
Ætherios dixere....
						(*Géorgiques*, IV, v. 219.)

sance et les honneurs. — De telles passions ne leur conviendraient pas, Socrate, dit Cébès. — Non certes, continua Socrate : car ceux qui prennent quelque soin de leur âme et qui ne vivent pas pour flatter le corps méprisent tout ce que recherchent les autres hommes et ne suivent pas le même chemin que ceux-ci, qui ne savent où ils vont; mais, persuadés qu'il ne faut rien faire qui soit contraire à la philosophie, à la délivrance et à la purification qu'elle apporte, ils la suivent et se tournent du côté où elle les conduit.

XXXIII. *Conditions de la purification : s'attacher exclusivement à la connaissance de l'intelligible; s'affranchir de toute passion corporelle.*

— Comment, Socrate? — Je vais te le dire. Ceux qui aiment la philosophie savent que celle-ci reçoit leur âme véritablement liée et comme collée au corps, et forcée de considérer les objets, non par elle-même, mais à travers l'enveloppe matérielle comme à travers une prison et dans les incertitudes d'une ignorance absolue : ils savent, dis-je, que la philosophie, reconnaissant dans la passion la cause unique de la force du cachot, ce qui fait que le prisonnier aide lui-même à forger ses chaînes, reçoit leur âme ainsi captive, l'exhorte doucement et s'applique à la délivrer; lui montre pour cela tout ce qu'ont de trompeur le témoignage des yeux, celui des oreilles et des autres sens; qu'elle l'engage à se séparer d'eux, autant que la nécessité ne l'oblige pas à se servir de leur ministère; lui conseille de se recueillir et de se concentrer en elle-même, de ne croire qu'à elle-même, et lorsqu'elle a pensé au dedans d'elle-même et par sa propre essence l'essence même des réalités; de tenir pour faux tout ce qu'elle examine par d'autres moyens, tout ce qui change selon les circonstances; lui apprend que ce qu'elle voit ainsi, c'est le sensible et le visible; que ce qu'elle voit par elle-même c'est l'intelligible et l'invisible. L'âme du vrai philosophe, persuadée qu'elle ne doit pas s'opposer à cette délivrance, s'abstient donc, autant qu'elle le peut, des voluptés, des désirs, des tristesses, des craintes, réfléchissant qu'après les émotions violentes de la joie, de la crainte, de la tristesse et du désir, on n'éprouve pas seulement tous les maux auxquels on s'attend d'ordinaire, comme les maladies ou la ruine

qu'entraînent les passions, mais le plus grand et le dernier
des maux, et cela sans s'en apercevoir. — Quel est ce mal,
Socrate? demanda Cébès. — C'est que toute âme violemment
émue par le plaisir ou la tristesse ne peut en même
temps échapper à cette conviction que ce qui la réjouit ou
l'afflige est très-vrai et très-réel, tandis qu'il n'en est rien.
Or, ce qui nous affecte ainsi, ce sont principalement les
choses visibles, n'est-ce pas? — Assurément. — N'est-ce pas
surtout dans la jouissance et dans la souffrance que l'âme
est enchaînée par le corps? — Comment cela? — Parce que
chaque plaisir, chaque peine a pour ainsi dire un clou par
lequel il attache et rive l'âme au corps, la rend corporelle,
et lui fait croire à la vérité de ce que le corps lui a dit.
Or, si elle a les mêmes croyances, les mêmes plaisirs que
le corps, elle est forcée, je pense, d'avoir les mêmes mœurs,
le même genre de vie, ce qui l'empêche d'arriver jamais
pure au monde invisible, aux enfers; mais, sortant du
corps, elle reste nécessairement toute pleine de lui, tellement
qu'elle retombe bientôt dans une autre, y prend racine,
comme une semence dans la terre, et est ainsi privée
de tout commerce avec ce qui est pur, simple et divin. —
Tout cela est très-vrai, Socrate, répondit Cébès.

XXXIV. *L'âme, purifiée par la philosophie, n'a pas à craindre
d'être anéantie par la mort.*

— C'est pour ces raisons, Cébès, et non pour celles
qui déterminent le vulgaire, que les amants de la sagesse pratiquent la tempérance et le courage. Penserais-
tu autrement qu'eux? — Non, certes. — Tu fais bien.
L'âme du philosophe obéira aux motifs que nous avons
exposés; elle ne croira pas que la philosophie doit venir
la délivrer pour qu'ensuite elle s'abandonne de nouveau
aux jouissances et aux souffrances, se laisse encore en-
chaîner et que l'ouvrage ne s'achève jamais, comme la
toile de Pénélope. Loin de là, en se mettant à l'abri des
passions, en suivant la raison, sans la quitter jamais, en
contemplant ce qui est vrai, divin, ce qui est au-dessus de
l'opinion, en se nourrissant de ces aliments immortels,
elle se persuade qu'elle doit vivre ainsi tant qu'elle est
dans cette vie et qu'après sa mort elle ira rejoindre ce qui

est conforme et semblable à sa nature et sera délivrée des maux de l'humanité. Avec un tel régime, Simmias et Cébès, et après de telles pratiques, il n'y a pas de raison pour craindre que l'âme, emportée et dissipée par les vents, ne s'envole et cesse d'exister.

XXXV. *Socrate encourage ses disciples à lui soumettre leurs objections. Belle allégorie des cygnes.*

Après que Socrate eut ainsi parlé, il se fit un long silence : Socrate et la plupart d'entre nous paraissaient réfléchir sur ce qui venait d'être dit. Simmias et Cébès s'entretinrent un peu ensemble.

Socrate, les apercevant : Que vous semble, leur demanda-t-il, de notre démonstration? La trouvez-vous défectueuse en quelque point? Car, si on veut l'approfondir, elle donne encore lieu à beaucoup de doutes et d'objections. Si vous vous occupez d'autre chose, je n'ai rien à dire; mais si c'est sur cette question que vous éprouvez quelque embarras, n'hésitez pas à prendre la parole à votre tour et à exposer votre opinion, si vous croyez avoir mieux à dire; associez-moi à votre recherche si vous pensez que vous réussirez mieux avec moi. — Alors Simmias : Je te dirai la vérité, Socrate. Voilà longtemps que chacun de nous deux a des doutes et pousse l'autre pour qu'il t'interroge : nous voudrions bien t'entendre pour sortir d'embarras; mais nous craignons que, dans la triste situation où tu te trouves, notre demande ne te soit importune. — Eh! Simmias, répondit Socrate en souriant doucement, j'aurais sans doute grand'peine à persuader aux autres hommes que je ne regarde pas comme un malheur ma situation présente, puisque je ne puis vous le persuader à vous-mêmes et que vous craignez que je ne sois d'humeur plus difficile maintenant qu'auparavant. Et, à ce qu'il paraît, vous me trouvez bien inférieur aux cygnes pour la divination : les cygnes, quand ils sentent qu'ils vont mourir, chantent ce jour-là plus et mieux qu'ils n'ont fait jusqu'alors, tout joyeux qu'ils sont d'aller retrouver le dieu dont ils sont les serviteurs. Mais, dans la crainte qu'ils ont eux-mêmes de la mort, les hommes calomnient les cygnes, et disent qu'ils pleurent leur mort et chantent

de tristesse ; ils oublient qu'il n'y a pas d'oiseau qui chante
quand il a faim ou froid ou qu'il éprouve quelque autre
souffrance, pas même le rossignol, l'hirondelle ou la huppe,
dont on dit que les chants sont des lamentations. Mais je
ne crois pas que ces oiseaux chantent de tristesse, non
plus que les cygnes : je crois qu'étant consacrés à Apollon
ils sont devins, et que, prévoyant le bonheur de l'autre
vie, ils chantent et se réjouissent ce jour-là plus qu'ils
n'ont fait jusqu'alors ; et moi je pense que je suis serviteur
du même dieu que les cygnes, et, comme eux, consacré à
Apollon ; que je n'ai pas moins reçu qu'eux de notre
maître le don de la divination, et que je quitte aussi volontiers cette vie : c'est pourquoi vous pouvez parler et
m'interroger tant qu'il vous plaira, aussi longtemps du
moins que les Onze le permettront. — Très-bien, Socrate,
répondit Simmias ; je te dirai donc ce qui m'embarrasse,
et Cébès te fera ensuite ses objections. Je crois, Socrate,
comme toi sans doute, que sur ces matières il est impossible, ou du moins très-difficile, d'arriver à la certitude
en cette vie ; mais je crois aussi qu'il est d'un lâche de ne
pas examiner de toutes manières ce qu'on en dit, et de
renoncer avant d'avoir épuisé tous les moyens de s'éclairer,
car, dans ces questions, il faut de deux choses l'une : ou
bien apprendre des autres ce qui en est, ou le trouver soi-
même, ou bien, si cela est impossible, choisir parmi tous
les raisonnements humains le meilleur et le plus difficile à
réfuter, et, s'y embarquant comme sur une nacelle, traverser ainsi les hasards de la vie, à moins qu'on ne puisse,
sur un vaisseau plus solide ou sur un raisonnement divin[1],
faire un voyage plus sûr et moins périlleux. Ainsi donc,
je n'aurai plus maintenant de scrupule à t'interroger,
puisque tu nous y exhortes toi-même, et je n'aurai pas à
me reprocher plus tard de ne t'avoir pas dit à présent ce
que je pense. En effet, Socrate, quand j'examine avec moi-
même et avec Cébès ce qui a été dit, je n'y trouve pas une
solidité suffisante.

---

1. Θεῖος λόγος : il ne s'agit probablement pas ici d'une révélation surnaturelle, mais d'un raisonnement à toute épreuve.
« Platon veut dire qu'il faut prendre une raison telle quelle, si
on n'en peut trouver une parfaite. » (Cousin.)

XXXVI. *Objection de Simmias qui compare l'âme à l'harmonie d'une lyre.*

— Peut-être, mon ami, répondit Socrate, ton opinion est-elle juste; mais dis-nous en quoi nos preuves te paraissent défectueuses. — En ce que, répondit Simmias, on pourrait dire la même chose de l'harmonie, de la lyre qui la produit et des cordes; que l'harmonie est quelque chose d'invisible, d'immatériel, de très-beau, de divin; que la lyre et les cordes sont des corps, des choses matérielles, composées, terrestres et de nature mortelle. Après qu'on aurait brisé la lyre, coupé ou rompu les cordes, on pourrait soutenir, en se fondant sur le même raisonnement que toi, que nécessairement cette harmonie existe encore et n'a pas péri, attendu qu'il est impossible que la lyre subsiste après la rupture des cordes, ou que les cordes, de nature périssable, subsistent après la lyre brisée, et que l'harmonie, chose de même espèce que ce qui est divin et immortel, périsse avant ce qui est mortel : on pourrait dire, en conséquence, que nécessairement l'harmonie elle-même existe quelque part, et que le bois et les cordes doivent tomber en poussière avant qu'elle reçoive quelque atteinte. Et sans doute, Socrate, tu te seras aperçu que l'idée que nous nous faisons de l'âme est principalement celle-ci : le corps étant comme tenu en équilibre et conservé par le chaud, le froid, le sec, l'humide et autres principes semblables, l'âme est le mélange, l'harmonie de ces principes, et elle résulte de l'exacte et juste proportion de leurs combinaisons. Si donc l'âme est une harmonie, il est évident que quand notre corps est relâché ou tendu à l'excès par les maladies et les autres maux, l'âme, toute divine qu'elle est, doit de toute nécessité périr à l'instant comme périssent les autres harmonies qui existent dans les instruments de musique et tous les autres ouvrages de l'art, tandis que les restes de chaque corps subsistent longtemps, jusqu'à ce qu'ils soient brûlés ou putréfiés. Vois donc, Socrate, ce que nous pourrons répondre à ce raisonnement si quelqu'un prétend que notre âme, n'étant qu'un mélange des principes corporels, périt la première dans ce qu'on appelle la mort.

XXXVII. *Objection de Cébès : l'âme comparée à un vieux tisserand qui meurt après avoir usé plusieurs vêtements.*

Socrate alors, promenant sur nous ses regards, selon son habitude, et souriant : Simmias a raison, dit-il. Si donc quelqu'un de vous trouve plus facilement que moi à répondre, que ne le fait-il? car il me semble qu'il n'a pas mal attaqué notre démonstration. Je crois cependant qu'avant de lui répondre il faut écouter les objections que Cébès a aussi à nous faire, afin que ce délai nous permette de réfléchir à ce que nous dirons, et qu'après les avoir entendus l'un et l'autre, nous leur rendions les armes, si nous trouvons qu'ils ont raison ; sinon, ce sera le moment de défendre notre discours. Allons, Cébès, dis-nous ce qui t'embarrasse et t'empêche d'être convaincu? — Je vais te le dire, répondit Cébès : c'est qu'il me paraît que la démonstration en est encore au même point où elle en était, et qu'on peut toujours lui faire la même objection que nous lui avons d'abord adressée. Que notre âme ait existé avant d'entrer dans le corps, j'avoue que tu l'as très-bien démontré, et même, si tu me permets de te le dire, d'une manière irréfutable; mais qu'elle soit encore quelque part après notre mort, tu ne m'en as pas convaincu. Néanmoins, je ne me rends pas à l'objection de Simmias, qui prétend que l'âme n'est point quelque chose de plus fort ni de plus durable que le corps : elle me paraît infiniment supérieure à toutes les choses matérielles. « Pourquoi donc n'es-tu pas encore convaincu? me dira peut-être notre démonstration. Puisque tu vois qu'après que l'homme est mort, ce qu'il y a en lui de plus faible subsiste, ne te semble-t-il pas que la partie la plus durable de lui-même doit nécessairement aussi subsister pendant tout ce temps? » Vois, Socrate, si ce que je réponds à cela te paraît avoir quelque valeur : j'ai besoin, je crois, de me servir aussi, comme Simmias,

1. Cette personnification du discours prenant lui-même la parole, et s'adressant à ses adversaires, peut nous sembler étrange. Elle s'explique dans la doctrine platonicienne : le discours est l'expression de la raison, impersonnelle et divine, agissant en quelque sorte dans l'homme par sa propre nature, indépendamment du concours de la volonté.

d'une comparaison. A mon sens, ce qui a été dit plus haut, c'est tout comme si, en parlant d'un vieux tisserand qui serait mort, on disait : Cet homme n'a point péri, mais il existe plein de vie quelque part : la preuve, c'est que le vêtement qu'il portait et qu'il avait tissé lui-même subsiste encore et n'a point péri. Et si quelqu'un n'était pas convaincu par ce raisonnement, on pourrait lui demander laquelle des deux espèces est la plus durable : celle de l'homme ou celle des vêtements que l'on porte d'habitude. Il répondrait sans doute qu'il est dans la nature de l'homme de durer plus longtemps : et l'on croirait ainsi avoir démontré qu'à plus forte raison l'homme subsiste encore, puisque ce qui était moins durable que lui n'a point péri. Mais, selon moi, Simmias, il n'en est pas ainsi; fais attention à ce que je vais dire : tout le monde comprendra qu'un pareil raisonnement serait absurde. En effet, notre tisserand, après avoir usé beaucoup de vêtements qu'il s'était tissés lui-même, est mort après eux, mais, ce me semble, avant le dernier, et il ne s'ensuit pas pour cela que l'homme soit chose moins précieuse et plus faible que le vêtement. Cette comparaison s'applique, je crois, très-bien aux rapports de l'âme avec le corps; et l'on pourrait dire de même, avec toute raison, que l'âme est chose plus durable, le corps, moins durable et plus faible. Ce qu'on voudrait dire par là, c'est que chaque âme use plusieurs corps, surtout si elle vit longtemps : car si le corps est dans un état d'écoulement et de déperdition incessante pendant que l'homme vit encore, et si l'âme, comme un tisserand, refait sans cesse le vêtement qui se dissout, il faut pourtant de toute nécessité que le jour où elle meurt elle en soit à son dernier habit et meure avant lui, tous les autres étant morts avant elle; tandis que, elle morte, le corps manifeste aussitôt sa faiblesse naturelle, se corrompt et se dissout promptement. Il suit de ce que nous venons de dire que nous ne pouvons croire, en toute confiance, à l'existence de l'âme après la mort : car si l'on accordait à celui qui soutient cette opinion plus encore que tu ne dis; si on lui accordait que non-seulement notre âme existait avant la naissance, mais que rien n'empêche que, même après la mort, l'âme de quelques-uns d'entre nous [1] continue d'exister

1. Dans l'hypothèse de Cébès, le plus grand nombre des

et renaisse plusieurs fois pour mourir de nouveau, l'âme
étant de sa nature assez forte pour résister à plusieurs
naissances; lors même qu'on accorderait tout cela, mais
sans accorder que l'âme ne se fatigue pas dans ce grand
nombre de naissances et qu'elle ne finit pas par périr complétement dans quelqu'une de ces morts; et si l'on ajoutait
que personne ne sait quelle sera cette mort et cette séparation dernière qui doit anéantir l'âme, personne ne pouvant en avoir le sentiment, alors il serait insensé d'être
plein de confiance et de ne pas redouter la mort, si l'on ne
peut démontrer que l'âme est quelque chose d'absolument
immortel et indestructible[1]; sinon, il faut nécessairement
que celui qui va mourir craigne pour son âme et ait peur
que cette séparation d'avec le corps qui va s'accomplir
ne soit celle où l'âme doit être complétement anéantie.

XXXVIII. *Trouble jeté par les objections précédentes dans l'esprit
des disciples. Bienveillance et douceur de Socrate.*

Après avoir entendu leurs discours, nous fûmes tous
désagréablement affectés, comme nous en convînmes plus
tard entre nous : car, après avoir été pleinement convaincus
par les raisonnements antérieurs, il nous semblait que
Simmias et Cébès venaient nous troubler de nouveau et
nous inspirer des doutes, non-seulement à l'égard de ce
qui avait été dit, mais aussi à l'égard de ce qu'on dirait à
l'avenir, et nous craignions ou bien que nous fussions incapables de porter un jugement sur ces matières, ou bien
qu'il fût impossible, sur ces matières mêmes, d'arriver à
quelque chose de certain.

âmes aurait déjà épuisé à travers plusieurs incarnations sa puissance vitale, et cette vie serait véritablement pour elles la dernière. Et ainsi, quelques-unes seulement auraient droit d'espérer qu'elles échapperont à un anéantissement total. Une telle
hypothèse nous montre une fois de plus combien vagues et in-
constantes étaient les opinions des anciens sur l'immortalité.

1. Ἀνώλεθρος. Le sens de ce mot est tout différent de celui
d'ἀθάνατος. — Ἀθάνατος veut dire : qui ne meurt pas après la vie,
ce qui n'implique pas que la mort de l'âme ne puisse se produire
après une série d'existences analogues à celle-ci. — Ἀνώλεθρος
signifie : qui ne peut être anéanti; qui est par nature absolument impérissable (quel que soit le nombre des incarnations).

Échécrate. Par les dieux ! Phédon, je vous le pardonne bien. Car moi-même, en t'entendant, j'en viens à me dire à moi-même : A quelle démonstration nous fier, puisque celle de Socrate, qui paraissait si convaincante, ne mérite plus de croyance? L'opinion de Simmias, que l'âme est une harmonie, me séduit merveilleusement et m'a toujours séduit, et m'a fait ressouvenir que j'avais eu autrefois la même idée. Je ne suis donc pas plus avancé qu'au commencement, et j'ai toujours besoin d'un raisonnement qui me persuade que l'âme ne périt pas à la mort. Dis-moi donc, par Jupiter! de quelle manière Socrate continua son discours : lui aussi sembla-t-il péniblement affecté, comme tu dis que vous le fûtes, ou bien prit-il doucement la défense de son raisonnement? le fit-il d'une manière satisfaisante ou non ? Raconte-nous tout le plus exactement que tu pourras. — *Phédon.* Quant à moi, Échécrate, j'avais souvent admiré Socrate, mais jamais autant que dans cette circonstance. Qu'il ait eu de quoi répondre, cela n'est peut-être pas bien étonnant; mais ce que j'admirai le plus, ce fut d'abord de voir avec quelle satisfaction, quelle bienveillance, quelle approbation il accueillit les discours de ces jeunes gens; ensuite avec quelle pénétration il s'aperçut que leurs objections nous avaient troublés; enfin, comme il sut bien nous guérir de nos craintes, et nous rappelant comme des fuyards et des vaincus, nous rallier et nous ramener à l'examen de la question. — *Échécrate.* Comment cela? — *Phédon.* Je vais te le dire. Je me trouvais assis à sa droite, à côté du lit, sur un petit siége; et lui, il était assis plus haut que moi. Promenant donc sa main sur ma tête, et prenant mes cheveux (il avait l'habitude de jouer avec mes cheveux à l'occasion) : Demain sans doute, Phédon, me dit-il, tu couperas ces beaux cheveux? — Apparemment, Socrate, répondis-je. — Non pas, si tu m'en crois. — Pourquoi non? — Dès aujourd'hui, dit-il, nous couperons tous les deux nos cheveux, s'il est vrai que notre raisonnement soit mort, et si nous ne pouvons le ressusciter. Quant à moi, si j'étais à ta place, et que mon raisonnement eût pris la fuite, je ferais serment, comme les Argiens, de ne pas laisser croître ma chevelure jusqu'à ce que j'eusse vaincu, dans une seconde bataille, le raisonnement de Cébès et de Simmias. — Mais, répondis-je, on dit qu'Hercule même est trop faible contre deux. Eh bien! dit-il, appelle-moi à ton secours, comme ton Iolas, pendant qu'il fait encore jour.—Je t'appelle donc, repris-je, non comme Hercule appelle son Iolas, mais comme Iolas appelle son Hercule. — Peu importe, dit-il.

XXXIX. *La difficulté de trouver une démonstration qui ne laisse place à aucun doute ne doit pas nous rendre ennemis de tous les raisonnements en général.*

— Mais d'abord prenons bien garde qu'il ne nous arrive un malheur. — Lequel? — C'est, dit Socrate, de devenir misologues, comme certains deviennent misanthropes; car on ne peut éprouver de plus grand malheur que celui de haïr les raisonnements. Cette misologie a la même cause que la misanthropie. La misanthropie s'empare de nous quand après avoir accordé sans aucune précaution trop de confiance à quelqu'un, et l'avoir cru tout à fait sincère, loyal et fidèle, nous le trouvons, peu de temps après, méchant, infidèle, et changeant selon les circonstances. Lorsque cela est arrivé plusieurs fois à quelqu'un, et surtout de la part de ceux qu'il aurait cru ses plus intimes et ses plus sûrs amis, il finit, après plusieurs déceptions, par prendre en haine tous les hommes, et par croire qu'il n'y a absolument aucune sincérité chez aucun d'eux. Ne t'es-tu pas aperçu que c'est ainsi que l'on devient misanthrope?— Oui, répondis-je. — N'est-ce pas une honte, poursuivit Socrate? N'est-il pas évident qu'un tel homme entreprend de traiter avec les hommes sans rien savoir des choses humaines? Car s'il en avait eu quelque peu connaissance, il eût pensé, comme cela est réellement, que les bons et les méchants sont en très-petit nombre, et que ceux qui tiennent le milieu sont en très-grande majorité. — Comment dis-tu? — Il en est, me répondit-il, de la bonté et de la méchanceté comme de la grandeur et de la petitesse. Penses-tu qu'il y ait quelque chose de plus rare que de trouver un homme, ou un chien, ou quelque autre être que ce soit fort grand ou fort petit? de même quand il s'agit de la vitesse ou de la lenteur, de la laideur ou de la beauté, de la couleur blanche ou de la couleur noire. Ne t'aperçois-tu pas que pour toutes ces choses les termes extrêmes sont rares et en petit nombre, et que les choses moyennes se rencontrent fréquemment et sont fort nombreuses ? — Assurément. — Ne crois-tu pas que si l'on proposait un combat de méchanceté, là aussi un bien petit nombre sembleraient mériter le prix ? — Cela est vraisemblable. — Oui, continua-t-il ; mais ce n'est pas en cela que les raisonnements ressemblent aux hommes, et tu m'as entraîné à ta suite un peu loin ; ils leur ressemblent en ce que quand on s'est fié à un raisonnement, comme s'il était vrai, sans connaître l'art de raisonner, ce même raisonnement un peu plus tard paraît faux, tantôt l'étant, tantôt ne l'étant pas, et successivement différent de lui-même ; et tu sais que ceux-là surtout qui passent leur vie à soutenir le pour et le contre finissent par croire qu'ils sont devenus très-sages, et qu'ils sont les seuls à avoir compris que ni dans les choses ni dans les raisonnements il n'y a rien de vrai ni de solide[1], mais que tout est dans un flux et un reflux perpétuel[2] comme l'Euripe, et que rien ne reste un moment dans le même état. — Ce que tu dis là est très-vrai. — Ne serait-ce donc pas, Phédon, un déplorable malheur que, quand il y a un raisonnement vrai, solide, intelligible, pour avoir écouté des raisonnements analogues qui tantôt paraissent vrais et tantôt ne le paraissent pas, au lieu de s'accuser soi-même et sa propre ignorance, on en vînt, de dépit et par complaisance, à transporter la faute de soi-même à tous raisonnements, et qu'alors, pendant tout le reste de sa vie, on ne fît plus que haïr et injurier les raisonnements, et se tenir à l'écart de toute réalité et de toute science ? — Par Jupiter ! ce serait déplorable assurément.

XL. *Le philosophe ne doit pas ressembler au faux savant qui ne cherche qu'à faire partager à ceux qui l'écoutent son opinion personnelle, sans se soucier de la vérité.*

— Prenons donc garde tout d'abord, poursuivit-il, que ce malheur ne nous arrive, et n'allons pas nous mettre dans l'esprit qu'il n'y a peut-être rien de sain dans aucun raisonnement : soyons plutôt convaincus que c'est nous qui

1. Allusion évidente aux sophistes. L'exposition de la doctrine de Protagoras se trouve dans le *Théétète*.
2. Opinion d'Héraclite, dont la maxime favorite était : tout s'écoule, rien ne demeure, πάντα ῥεῖ, οὐδὲν μένει.

sommes encore malades; qu'ainsi il nous faut virilement faire tous nos efforts pour nous guérir, toi et les autres, à cause du temps qu'il vous reste encore à vivre, et moi, à cause de la mort que je vais subir; et je crains de ne pas montrer dans cet entretien les dispositions d'un philosophe, mais celles d'un disputeur, comme le sont les faux savants. Ceux-ci, quand ils discutent quelque question, ne se soucient pas de la vérité de ce dont ils parlent; ils n'ont d'autre but que de persuader leur opinion personnelle à ceux qui les écoutent. Et il me semble que présentement je ne diffère d'eux qu'en un point : c'est que ce ne sera pas aux assistants que je m'efforcerai de persuader mon opinion (au moins ne sera-ce pour moi qu'un but secondaire), mais bien plutôt à moi-même, et je tâcherai de me convaincre aussi fortement que possible. Car je fais ce raisonnement, mon cher ami, et vois comme il est tout à mon avantage : Si ce que je dis se trouve vrai, il est utile de le croire; si après la mort il n'y a rien, j'y aurai du moins gagné de ne pas importuner les autres par mes lamentations pendant ce temps qui me reste à vivre. Mais cette ignorance ne durera pas, car ce serait un mal; elle va bientôt cesser. Ainsi préparé, Simmias et Cébès, je vais commencer ma démonstration. Mais vous, si vous m'en croyez, vous souciant beaucoup plus de la vérité que de Socrate, si ce que je dis vous paraît vrai, admettez-le; sinon, opposez-vous à mes raisons de toutes vos forces, prenant bien garde que, par excès de zèle, je ne me trompe moi-même et vous en même temps, et que je ne parte en laissant, comme l'abeille, mon aiguillon dans la blessure.

XLI. *Réponse à l'objection de Simmias[1]. L'existence de l'harmonie est toujours postérieure à celle des éléments dont elle est la résultante : l'âme, qui préexiste au corps, ne peut donc être la résultante des éléments corporels[2].*

Commençons donc. Mais d'abord rappelez-moi ce que vous avez dit, si je vous parais l'avoir oublié. Simmias, je crois, doute de l'immortalité et craint que l'âme, quoique plus divine et plus belle que le corps, ne périsse avant

1. Voyez plus haut cette objection, page 43.
2. Sur l'hypothèse de l'existence de l'âme avant cette vie, voyez l'Introduction, page xxvii.
        3.

lui, parce qu'elle ressemble à une harmonie. Quant à Cébès, il m'a paru tomber d'accord avec moi que l'âme est beaucoup plus durable que le corps, mais que personne ne peut savoir si, après avoir usé plusieurs corps dans plusieurs vies successives, elle ne périt pas elle-même en quittant le dernier, et si ce n'est pas là la véritable mort, c'est-à-dire l'anéantissement de l'âme; car, pour le corps, il ne cesse pas un instant de périr[1]. N'est-ce pas bien là, Simmias et Cébès, ce qu'il nous faut examiner?

Ils en convinrent tous les deux. — Rejetez-vous donc, poursuivit-il, tous nos raisonnements précédents, ou en admettez-vous quelques-uns?

Ils dirent qu'ils en admettaient quelques-uns. — Mais, reprit-il, que pensez-vous de ce que nous avons dit, que la science n'est qu'une réminiscence? et que, s'il en est ainsi, il faut nécessairement que notre âme ait existé quelque part avant d'avoir été enchaînée au corps? — Quant à moi, dit Cébès, c'est une chose merveilleuse, comme ton discours m'en a convaincu, et maintenant j'y persiste plus que dans tout autre principe. — Je suis dans les mêmes dispositions, dit Simmias, et je serais bien étonné si je changeais jamais d'opinion sur ce point. — Il faut cependant que tu en changes, étranger Thébain, poursuivit Socrate, si tu persistes dans cette croyance que l'harmonie est une chose composée, et que l'âme est une espèce d'harmonie qui résulte de l'accord des principes corporels; car tu ne te convaincrais pas toi-même si tu disais que l'harmonie, chose composée, existe avant les choses dont elle se compose nécessairement. Le croirais-tu? — Nullement, Socrate, répondit-il. — Ne vois-tu donc pas, poursuivit Socrate, que c'est pourtant ce qu'il t'arrive de dire quand tu reconnais que l'âme existe avant d'entrer dans la forme humaine, dans le corps, et que tu prétends

1. Les diverses parties qui composent le corps se renouvellent perpétuellement; la forme seule de l'organisme persiste, ce qui faisait dire à Cuvier que dans les êtres vivants la forme est plus importante que le fond. On peut donc, en un sens, soutenir avec Platon que le corps ne cesse pas un instant de périr, puisqu'à chaque moment il perd quelques-unes des molécules qui le constituent; mais tant que dure la croissance, les pertes sont réparées, et bien au delà, par la nutrition.

ensuite qu'elle est composée de choses qui n'existent pas
encore? Car l'harmonie ne ressemble pas à l'âme à laquelle
tu la compares; mais d'abord existent la lyre, les cordes,
les sons encore discordants, et c'est après tout cela que se
produit l'harmonie, qui périt aussi la première. Comment
les deux opinions seront-elles d'accord ensemble? — Elles
ne s'accordent pas, répondit Simmias. — Et pourtant,
reprit Socrate, s'il convient qu'un discours soit d'accord,
c'est celui où il s'agit de l'harmonie. — En effet, dit Simmias. — Ton discours n'est cependant pas d'accord, poursuivit Socrate; mais vois laquelle tu choisis de ces deux
propositions : ou que la science est une réminiscence, ou
que l'âme est une harmonie. — La première, sans hésiter,
Socrate; car j'ai admis la seconde sans démonstration,
guidé par la vraisemblance et une convenance apparente,
ce qui détermine les opinions du vulgaire. Mais, quant à
moi, je reconnais que les discours dont les preuves ne
s'appuient que sur des vraisemblances sont vains, et que,
si l'on n'y prend garde, ils entraînent à de graves erreurs,
soit en géométrie, soit dans tout le reste. La proposition
que la science n'est que réminiscence repose sur un fondement solide, car il a été établi que l'âme existe avant d'entrer dans le corps, parce qu'elle-même est essence et
qu'elle est de même nature[1] que ce qui existe véritablement. J'ai eu pleinement raison, j'en suis convaincu, d'admettre ce principe; et il s'ensuit nécessairement, ce
semble, que je ne dois approuver ni moi-même ni aucun
autre qui dira que l'âme est une harmonie.

XLII. *Si l'âme était une harmonie, toutes les âmes seraient également vertueuses.*

— Et que penses-tu, Simmias, de ceci? Te paraît-il qu'il
convienne à l'harmonie ou à quelque autre composition
d'être différente des choses dont elle est composée? —
Nullement. — Ni de rien faire, apparemment, ni de rien
souffrir que ce que font ou souffrent les choses qui la
composent? — Sans doute. — Il ne convient donc pas à
l'harmonie de précéder les choses dont elle est composée,
mais de les suivre? — Non. — Il s'en faut donc de beau-

1. Le grec porte : ἐπωνυμία, *mot à mot, elle est de même nom.*

coup que l'harmonie ait des mouvements, des sons, ou quoi que ce soit de contraire aux parties qui la composent? — Il s'en faut de beaucoup, répondit Simmias. — Mais quoi! n'est-il pas vrai qu'une harmonie n'est telle que dans la mesure où l'accord existe? — Je ne comprends pas, dit Simmias. — Je te demande, reprit Socrate, si, dans le cas où il pourrait y avoir plus ou moins d'accord dans l'harmonie elle-même, il n'y aura pas plus ou moins d'harmonie? — Sans doute. — Et peut-on dire de l'âme qu'une âme soit le moins du monde, quant à l'essence, plus ou moins âme qu'une autre âme? — En aucune manière. — Voyons, par Jupiter! dit-on qu'une âme a de la raison et de la vertu, qu'elle est bonne; d'une autre, qu'elle a de la folie et des vices, qu'elle est mauvaise? Peut-on le dire justement? — Certainement. — Mais ceux qui posent en principe que l'âme est une harmonie, que diront-ils que sont dans l'âme le vice et la vertu? Diront-ils que la vertu est une autre harmonie, le vice une désharmonie? que l'âme vertueuse est en harmonie avec elle-même, et qu'étant par elle-même une harmonie, elle en renferme une autre en elle-même? que l'âme vicieuse est sans harmonie, et n'a pas en elle-même cette autre harmonie qui est la vertu? — Je ne sais que répondre, dit Simmias; mais il est clair que celui qui soutient une pareille opinion dira quelque chose de semblable. — Mais nous sommes déjà convenus, poursuivit Socrate, qu'une âme n'est pas plus ou moins âme qu'une autre; ce qui revient à dire qu'une harmonie n'est en rien plus ou moins harmonie qu'une autre : n'est-ce pas? — Certainement. — Et que n'étant ni plus ni moins harmonie, elle n'est ni plus ni moins d'accord avec elle-même : est-ce bien cela? — Oui, certes. — Mais cette harmonie, qui n'est ni plus ni moins d'accord avec elle-même, peut-elle participer plus ou moins de l'harmonie, ou en participe-t-elle également?—Également. —Ainsi donc puisque, dans son essence, une âme n'est ni plus ni moins âme qu'une autre, elle n'est ni plus ni moins qu'une autre d'accord avec elle-même? — Cela est vrai. — S'il en est ainsi, une âme ne peut participer plus qu'une autre de l'harmonie ou de la désharmonie? — Non. — Et encore, s'il en est ainsi, une âme ne pourra plus qu'une autre participer de la méchanceté ou de la vertu, si le

Non, sans doute. — Ou plutôt, Simmias, si l'on veut être conséquent, on doit dire que nulle âme ne peut recevoir le vice, s'il est vrai qu'elle soit une harmonie; car certes une harmonie, en tant qu'elle est essentiellement une harmonie, ne peut en aucune façon participer de la désharmonie. — Non certes. — Ni l'âme, si elle est essentiellement âme, ne peut participer du vice. — Comment le pourrait-elle, d'après ce qui vient d'être dit? — D'après ce raisonnement, les âmes de tous les animaux seront également bonnes, si, par leur nature, elles sont toutes également âmes? — Il me le semble, Socrate. — Et te semble-t-il aussi que cette conséquence soit exacte, et que le raisonnement eût abouti là, si l'hypothèse que l'âme est une harmonie était vraie? — Non, sans doute[1].

XLIII. *L'harmonie ne peut entrer en lutte avec les éléments qui la composent : l'âme, qui commande au corps et peut lui résister, n'est donc pas une harmonie.*

—Mais quoi! poursuivit Socrate, de toutes les choses qui sont dans l'homme en est-il une autre que l'âme, surtout quand elle est sage, dont tu dises qu'elle commande? Non. — Est-ce en cédant aux passions du corps, ou en leur résistant? par exemple, quand le corps a chaud et qu'il a

1. L'âme, selon Platon, n'est pas une harmonie, au sens matérialiste du mot, c'est-à-dire qu'elle n'est pas une résultante d'éléments matériels; mais elle peut contenir en elle plus ou moins d'harmonie, selon qu'elle est vertueuse ou vicieuse. Platon définit en effet la vertu en général, et la justice en particulier, l'harmonie des parties ou facultés de l'âme (voir la *République*). On comprend dès lors le raisonnement un peu subtil de Platon : l'âme ne peut être, comme le soutient Simmias, une *harmonie*, car toutes les âmes étant également âmes, toutes devraient être également *harmonies;* mais s'il en était ainsi, toutes seraient également vertueuses, puisque la vertu est dans l'âme une harmonie. L'absurdité de la conséquence démontre celle du principe. Subtil dans la forme, le raisonnement de Platon est solide au fond. Il est clair que si l'âme n'était autre chose que la résultante des éléments et des fonctions de l'organisme, elle ne pourrait être libre : elle ne pourrait donc avoir ni mérite ni démérite, et, comme le dit Platon, toutes les âmes auraient moralement la même valeur.

soif, l'âme ne lui résiste-t-elle pas et ne l'empêche-t-elle
pas de boire, ou quand il a faim, ne l'empêche-t-elle pas
de manger? Et de même, dans une foule de cas, nous
voyons l'âme résistant aux passions du corps : n'est-ce pas?
— Certainement. — Mais ne sommes-nous pas convenus
plus haut que l'âme, étant une harmonie, ne sera jamais
en dissonance avec la tension, ou le relâchement, ou la vi-
bration, ou toute autre modification des éléments qui la
composent; qu'elle doit leur obéir, sans jamais leur commander? — Nous en sommes convenus : pouvions-nous
faire autrement? — Eh quoi! l'âme ne nous paraît-elle
pas faire tout le contraire? n'est-ce pas elle qui commande
à tous ces éléments dont on nous dit qu'elle est composée,
leur résiste pendant presque toute la vie, les gouverne de
toutes les manières, réprimant les uns durement et par le
moyen de la douleur, comme dans la gymnastique et la
médecine, réprimant les autres plus doucement, usant
tour à tour de la menace et des avertissements, avec les
désirs, les emportements, les terreurs, comme si elle s'adres-
sait à des choses qui lui sont étrangères : c'est ce qu'Homère
nous montre dans l'*Odyssée*, où il dit qu'Ulysse

Se frappant la poitrine, parle ainsi à son cœur :   [dures[1].
Supporte ceci, mon cœur; tu as supporté des choses plus

Crois-tu qu'Homère eût dit cela s'il eût regardé l'âme
comme une harmonie, et comme devant être gouvernée par
les passions du corps? Ne la concevait-il pas plutôt comme
faite pour les gouverner et les maîtriser, et comme une chose
beaucoup plus divine que ne peut l'être une harmonie? —
Par Jupiter! Socrate, je le crois. — Ainsi donc, mon cher
ami, il ne nous convient aucunement de dire que l'âme
est une sorte d'harmonie; car, à ce qu'il semble, nous ne
serions d'accord ni avec Homère, ce poëte divin, ni avec
nous-mêmes. — Il en est ainsi, dit-il.

XLIV. *Examen de l'objection de Cébès[2]. Résumé de cette objection.*

— Parfaitement, continua Socrate. Nous avons maintenant, je crois, suffisamment apaisé cette harmonie thé-

1. *Odyssée,* liv. xx, v. 17.
2. Voyez plus haut cette objection, page 44.

baine; mais ce Cadmus, Cébès, comment et par quel discours l'apaiserons-nous[1]? — Tu le trouveras, sans doute,
répondit Cébès; quant à ton discours contre l'harmonie,
j'admire comme il a dépassé mon attente. Pendant que
Simmias t'exposait ses doutes, je me demandais tout surpris s'il était possible qu'on lui objectât quelque chose :
aussi n'ai-je pas vu, sans le plus grand étonnement qu'il
ne soutenait pas le premier choc de ta réfutation. Je ne
serais donc pas surpris que le discours de Cadmus eût le
même sort. — Mon ami, reprit Socrate, ne me vante pas
trop, de peur que l'envie ne bouleverse le discours que
nous allons faire : mais Dieu nous protégera. Quant à
nous, en nous serrant de près, comme dit Homère[2], essayons
si ton discours tient bon. Voici, en résumé, ce que tu
cherches : tu veux qu'on démontre que notre âme est indestructible et immortelle, afin qu'un philosophe qui va
mourir, avec le ferme espoir qu'il sera plus heureux dans
l'autre monde que s'il fût mort après avoir vécu autrement ici-bas, ne soit pas la dupe d'une sotte et puérile
confiance. Or, montrer que l'âme est quelque chose de fort
et de divin, que même elle existait avant notre naissance,
tout cela, dis-tu, ne prouve pas qu'elle soit immortelle,
mais seulement qu'elle dure très-longtemps, qu'elle a existé
quelque part avant cette vie, sans qu'on puisse dire pendant combien de siècles ; qu'elle a connu et fait beaucoup
de choses : il ne s'ensuit pas qu'elle soit immortelle ; mais
son entrée même dans un corps humain peut très-bien
être pour elle une sorte de maladie et le commencement
de sa destruction : elle peut se traîner languissamment
pendant cette vie, et s'éteindre enfin dans ce qu'on appelle
la mort. Et il n'importe pas, selon toi, qu'elle vienne une
seule fois ou plusieurs habiter dans un corps : nos craintes
n'en sont pas moins justifiées ; car, à moins qu'un homme
soit fou, il a toujours à craindre s'il ne sait pas et ne peut
pas prouver que l'âme est immortelle. Voilà, ce me semble,
à peu près ce que tu dis, Cébès, et je le répète exprès plusieurs fois, pour que rien ne nous échappe, et que tu

1. Comparaison indirecte de Simmias et de Cébès, tous deux
Thébains, avec les deux fondateurs de Thèbes, Harmonie et
Cadmus. (Note de Cousin.)
2. *Iliade*, ch. IV, v. 496.

puisses, si tu veux, y ajouter ou y retrancher. — Pour le moment, répondit Cébès, je n'ai rien à ajouter ou à retrancher; c'est bien là ce que j'ai dit. .

XLV. *Discussion de l'objection de Cébès. Socrate raconte l'histoire de ses premières spéculations sur la nature de la cause.*

Socrate se tut quelque temps et se recueillit en lui-même.

Ce n'est pas une petite chose, Cébès, que tu demandes là, dit-il; car, pour l'expliquer, il nous faut exposer tout au long la cause de la génération et de la corruption. Si tu le veux, je te raconterai donc ce qui m'est arrivé à ce sujet, et si ce que je te dirai te semble utile en quelque chose à te former une conviction sur le point qui t'occupe, tu pourras en faire usage. — Je le veux bien, répondit Cébès. — Écoute-moi donc. Quand j'étais jeune, Cébès, j'avais le plus ardent désir de posséder cette science qu'on appelle la physique. Il me paraissait sublime de connaître les causes de chaque chose, ce qui la fait mourir, ce qui la fait exister; et je me suis souvent tourmenté de toutes les manières, cherchant d'abord si c'est quand le froid et le chaud rencontrent quelque matière en putréfaction que se forment les animaux (telle est en effet l'opinion de quelques-uns[1]); si c'est le sang qui nous fait penser[2], ou l'air[3], ou le feu[4], ou si ce n'est rien de toutes ces choses, mais le cerveau, qui nous fournit les sensations de l'ouïe, de la vue, de l'odorat, qui produisent la mémoire et l'opinion, lesquelles, arrivées à l'état de repos[5], engendrent enfin la science. Je considérais ensuite la corruption de toutes ces choses, les changements qui se produisent dans le ciel et sur la terre, et à la fin je me trouvais plus mal doué que personne pour ces spéculations. En voici une preuve bien

1. Anaxagore et son disciple Archélaüs (Diogène Laërce, l. II, chap. 3 et 4).
2. Doctrine d'Empédocle.
3. Opinion d'Anaximène.
4. Opinion d'Héraclite.
5. C'est-à-dire ayant pris une certaine fixité par la répétition fréquente de sensations semblables, doctrine très-analogue à celle de nos matérialistes contemporains.

frappante : c'est que ces recherches m'ont rendu tellement aveugle dans les choses mêmes que je savais auparavant avec le plus de certitude, comme du moins cela me
paraissait à moi et aux autres, que j'ai désappris ce que je
croyais savoir sur plusieurs points, par exemple sur les
causes de la croissance de l'homme. Je croyais jusque-là
qu'il était évident pour tout le monde que l'homme croît
parce qu'il mange et boit. En effet, quand, par la nourri-
ture, les chairs s'ajoutent aux chairs, les os aux os, et
ainsi de même les autres parties à leurs parties semblables,
il arrive que ce qui n'était qu'une petite masse s'augmente,
et qu'ainsi l'homme, d'abord petit, devient grand. Voilà ce
que je pensais alors : ne trouves-tu pas que c'était assez
raisonnable? — Certainement, dit Cébès. — Mais écoute
encore. Quand un homme debout me paraissait grand auprès d'un autre homme petit, il me paraissait suffisant de
penser que c'était parce qu'il avait la tête de plus que
l'autre, et de même d'un cheval auprès d'un autre cheval;
ou bien, ce qui est plus évident encore, *dix* me paraissaient plus que *huit*, parce que *deux* s'y ajoutent; et deux
coudées me semblaient plus grandes qu'une coudée, parce
qu'elles la surpassaient de moitié. — Et qu'en penses-tu
maintenant? dit Cébès. — Par Jupiter! poursuivit Socrate,
je suis bien loin de croire que je connaisse la cause d'aucune de ces choses, moi qui ne sais même pas si, quand on
ajoute un à un, cet un auquel on en ajoute un autre est
devenu deux, ou bien si c'est celui qui est ajouté et celui
auquel on l'ajoute qui ensemble deviennent deux, à cause
de l'addition de l'un à l'autre; car ce qui m'étonne, c'est
que, pendant que chacun était séparé de l'autre, il était un
et non pas deux, et qu'ensuite, après avoir été rapprochés,
ils deviennent deux, et que ce rapprochement en soit la
cause. De même quand on partage *un*, je ne puis davantage
me persuader que ce partage soit la cause que *un* devienne
deux, car alors c'est une cause toute contraire à celle de
tout à l'heure qui produit *deux* : dans le premier cas, c'est
parce qu'on rapproche une unité d'une autre, et qu'on
ajoute l'une à l'autre; dans le second, c'est parce qu'on les
éloigne et qu'on les sépare. Je ne me flatte même pas de
savoir par quelle cause *un* existe, ni, en un mot, par quelles
causes une chose quelconque naît, périt ou existe, du

moins d'après les principes et la méthode de la physique ; et j'ai risqué à tout hasard des explications d'une autre nature, ne pouvant aucunement me contenter de celles-là.

XLVI. *Suite du précédent récit. Doctrine d'Anaxagore : l'Intelligence ordonnatrice a disposé toutes choses pour le mieux.*

Mais ayant un jour entendu quelqu'un lire dans un livre qu'il disait être d'Anaxagore que c'est l'Intelligence qui dispose tout avec ordre et qui est la cause de tout, ce genre de cause me plut infiniment : je trouvais convenable que l'Intelligence fût cause de toutes choses, et je pensais que, s'il en est ainsi, l'Intelligence ordonnatrice a dû disposer l'ensemble avec ordre et chaque chose pour le mieux. Si donc quelqu'un veut trouver la cause de chaque chose, comment elle naît, périt ou existe, il n'a qu'à trouver la meilleure manière dont elle peut être, agir ou souffrir ; et, selon ce principe, l'homme n'a à chercher, par rapport à lui-même et aux autres choses, que ce qui est le meilleur et le plus parfait[1]. Cette connaissance implique nécessairement aussi celle de ce qui est plus mauvais ; car il n'y a qu'une même science pour l'un et pour l'autre. J'étais heureux en faisant cette réflexion, croyant avoir trouvé dans Anaxagore un maître qui m'apprendrait, conformément aux exigences de ma raison, les causes de toutes choses ; qui me dirait d'abord si la terre est plate ou ronde, puis m'expliquerait la cause et la nécessité de la forme qu'elle a, me montrant ce qui est le mieux, et qu'il est mieux pour elle d'avoir telle forme plutôt que telle autre : et s'il me disait que la terre est au centre du monde, il me prouverait que c'est pour le mieux qu'elle occupe cette position ; et après qu'il m'aurait donné toutes ces explications, j'aurais été satisfait, et je n'aurais plus cherché une autre espèce de cause. Je me proposais aussi de lui faire les mêmes questions sur le soleil, la lune et les autres astres, sur leurs vitesses relatives, leurs révolutions et tout ce qui leur arrive, et de lui demander comment c'est pour le mieux que chacun de ces astres est actif et passif de la manière qui lui est propre. Je ne pensais pas qu'après avoir

---

1. Principe analogue à celui qu'on appelle en philosophie principe des causes finales.

posé en principe que toutes ces choses sont ordonnées par
l'Intelligence, il pût leur assigner une autre cause que
celle-ci : c'est qu'elles ne peuvent pas être mieux qu'elles
ne sont, et j'espérais qu'après avoir indiqué la cause de
chaque chose en particulier et de toutes en général, il me
montrerait en quoi consiste le meilleur pour chacune et
le bien pour l'ensemble; je n'aurais pas donné pour beaucoup mes espérances, et je mis le plus grand zèle à me
procurer ses livres, le plus grand empressement à les lire,
pour connaître le plus promptement possible ce que c'est
que le meilleur et son contraire.

XLVII. *Anaxagore, infidèle, selon Socrate, à son principe, a recours, pour l'explication des différents phénomènes de la nature
extérieure, à des causes purement matérielles. Critique de cette
doctrine.*

Je fus trompé, mon cher ami, dans mes brillantes espérances. En avançant dans ma lecture, je vis un homme
qui ne faisait aucun usage de l'intelligence, qui n'exposait
aucune des causes véritables de l'ordre qui se manifeste
dans les choses, mais invoquait, pour en rendre compte,
l'air, l'éther, l'eau, et autres principes aussi absurdes[1]. Il
me parut agir comme un homme qui dirait : Socrate fait
tout ce qu'il fait par intelligence, et qui ensuite, voulant
expliquer chacune des choses que je fais, dirait, par
exemple, que je suis assis à cette place parce que mon
corps est composé d'os et de nerfs; que les os sont solides
et séparés par des jointures; que les nerfs peuvent s'étendre

---

1. La critique que Socrate adresse ici à Anaxagore est injuste.
Anaxagore avait reconnu que les principes matériels des physiciens d'Ionie étaient impuissants à expliquer l'ordre de l'univers, et qu'il faut avoir recours à une cause première immaté-
rielle, qui est l'intelligence. Cette intuition de génie lui assure
une gloire impérissable. Mais il est du devoir du savant de
rechercher par quels moyens la cause première a réalisé le
plan qu'elle a conçu; et ces moyens, en ce qui concerne le
monde physique, ce sont les propriétés essentielles de la matière
et les lois nécessaires de la nature. Anaxagore n'a donc pas été
infidèle à son principe; il a au contraire merveilleusement compris que la détermination de la cause première et absolue, qui
est l'objet propre du métaphysicien, n'exclut pas l'investigation
des causes secondes, qui est l'œuvre du savant.

et se contracter[1], et qu'ils entourent les os, lesquels sont entourés aussi par les chairs et par la peau, qui recouvre tout le reste; que les os étant libres dans leurs emboîtures, les nerfs, en se relâchant et en se contractant, font que je puis ployer mes membres, et que c'est pour cela que je suis assis à cette place les jambes pliées de cette manière. C'est encore comme si, pour expliquer notre entretien, il invoquait d'autres causes de même nature, par exemple les sens, l'air, l'ouïe et mille autres choses semblables, négligeant les causes véritables, savoir : que les Athéniens ayant jugé qu'il était mieux de me condamner, j'ai pensé aussi qu'il était mieux d'être assis à cette place, et plus juste de rester pour subir la peine qu'ils m'ont imposée. Et, par le Chien[2], il y a longtemps, je crois, que ces os, et ces nerfs, seraient à Mégare, ou en Béotie, si j'avais cru que cela eût été mieux[3], et si je n'avais pas pensé qu'il était plus juste et plus beau de subir la peine que m'a infligée la patrie que de me dérober et de m'enfuir comme un esclave. Mais il est trop absurde de donner le nom de causes à de tels principes. Qu'on dise que si je n'avais ni os, ni nerfs, ni autres choses semblables, je serais incapable de faire ce que je jugerais à propos, rien de plus vrai; mais dire que ces os, ces nerfs et le reste sont la cause de mes actions; que ce sont eux, et non le choix du meilleur, qui déterminent ce que je fais avec intelligence, voilà qui est fort mal parler. Car c'est ne pas savoir faire cette différence, qu'autre chose est la cause véritable, autre chose ce sans quoi la cause ne serait jamais cause; et c'est précisément cette condition toute matérielle de la vraie cause que la plupart des hommes, marchant à tâtons comme dans les ténèbres, appellent cause, d'un nom qui ne lui convient nullement. Voilà pourquoi l'un environne la terre d'un tourbillon qui tourne sous le ciel et la suppose immobile[4]; l'autre l'imagine comme une large huche à laquelle il donne l'air pour base[5]. Mais la puissance qui a fait que les choses

1. On sait aujourd'hui que les nerfs ne se contractent pas.
2. Divinité des Égyptiens; c'était une forme de langage habituelle à Socrate.
3. Littéralement entraînés par l'opinion du meilleur.
4. Opinion d'Empédocle.
5. Opinion d'Anaximène.

sont disposées le mieux possible, ils ne la recherchent pas; ils ne lui reconnaissent pas quelque chose comme une force surnaturelle; ils croient trouver un Atlas plus fort, plus immortel, plus capable de soutenir l'univers! Quant au bien véritable, à la convenance, ils ne croient pas qu'ils lient et maintiennent quoi que ce soit. Pour moi, je me ferais bien volontiers le disciple de tous les maîtres possibles, afin d'apprendre comment se comporte une pareille cause; mais ne pouvant le trouver par moi-même ou m'en instruire auprès d'un autre, veux-tu, Cébès, que je te raconte mon second voyage à la poursuite de la vraie cause? — Je brûle de l'apprendre, dit Cébès.

XLVIII. *Nécessité de chercher dans les notions de la raison la véritable explication des choses.*

— Après m'être fatigué à examiner les choses dans leur essence, je crus que je devais prendre garde qu'il ne m'arrivât ce qui arrive à ceux qui regardent une éclipse de soleil; quelques-uns perdent la vue, s'ils n'ont pas la précaution de regarder dans l'eau ou dans quelque autre chose de même nature l'image de l'astre. Faisant cette réflexion, je craignis de perdre la vue de l'âme si je regardais les objets avec les yeux du corps, et si j'essayais de les saisir par l'un des sens. Il me parut que je devais avoir recours aux notions de l'esprit pour y contempler la vérité des choses. Peut-être la comparaison dont je me sers n'est-elle pas exacte en tout point; car je n'accorde pas complétement que celui qui examine les choses dans les notions[1] les regarde plutôt dans un miroir que celui qui les examine dans leur réalité. Néanmoins, voilà le chemin que je pris, et prenant toujours pour point de départ la notion qui me semble la plus vraie, tout ce qui me paraît s'accorder avec elle, je le suppose vrai, qu'il s'agisse des causes ou de tout

---

1. Ἐν τοῖς λόγοις : mot à mot, dans les raisonnements. Nous préférons traduire les notions; le sens est ainsi plus clair. Platon veut dire que la représentation des choses dans l'intelligence humaine (leur réalité subjective) est, au fond, identique à ces choses mêmes (à leur réalité objective); seulement, il est plus facile de les contempler dans les notions que nous en avons que de les saisir en elles-mêmes, dans leur essence absolue.

autre chose; et ce qui ne s'accorde pas, je le tiens pour faux. Mais je vais t'expliquer plus clairement ce que je veux dire, car je crois que tu ne comprends pas encore. — Non, par Jupiter! pas trop, répondit Cébès.

XLIX. *Les choses tiennent leur existence et leur essence de leur participation aux idées.*

—Pourtant, reprit Socrate, je ne dis là rien de nouveau; je ne fais que répéter ce que je n'ai cessé de dire en mille circonstances, et particulièrement tout à l'heure. J'essaye de te faire comprendre la nature de la cause à laquelle je me suis élevé et je reviens à ce que j'ai tant de fois rebattu, prenant pour point de départ et pour principe qu'il existe quelque chose de beau, de bon, de grand par soi, et autres essences de même espèce. Si tu m'accordes cela, j'espère te conduire par là à la découverte de la cause qui fait que l'âme est immortelle. — Je te l'accorde bien volontiers, dit Cébès; ne t'arrête donc pas et achève. — Considère ce qui va suivre, et dis-moi si tu en tombes d'accord avec moi. Il me semble que s'il y a quelque chose de beau en dehors du beau en soi, tout ce qui est beau ne peut l'être que parce qu'il participe du beau en soi; et j'en dis autant de tout le reste. Admets-tu cet ordre de causes? — Oui, je l'admets. — Alors, poursuivit Socrate, je ne comprends plus et je ne puis plus entendre toutes ces autres causes si savantes que l'on nous propose. Mais si l'on me dit qu'un objet est beau parce qu'il a une brillante couleur, ou une forme élégante, ou d'autres choses semblables, je laisse là toutes ces explications qui me troublent, et je me persuade moi-même, simplement et peut-être trop naïvement, que ce qui rend une chose belle ce n'est rien autre que la présence ou la communication du beau en soi, de quelque manière que cette communication se produise, car je ne puis encore rien affirmer sur ce point; mais je soutiens que toutes les choses belles sont belles par la présence de la beauté. Il me semble que c'est la réponse la plus sûre, pour moi et pour les autres; et, sur ce fondement, j'espère ne jamais chanceler et pouvoir répondre en toute sûreté, moi aussi bien que tout autre, que les belles choses sont belles par la présence ou la communication de

la beauté. N'est-ce pas également ton avis? — Certainement.
— Et c'est aussi par la grandeur que les choses grandes
sont grandes, que les choses plus grandes sont plus grandes :
c'est par la petitesse que les choses plus petites sont plus
petites. — Oui. — Tu ne partagerais donc pas l'opinion
de celui qui dirait qu'un homme est plus grand qu'un
autre de la tête et que cet autre est aussi plus petit d'autant; mais tu soutiendrais que tu veux dire seulement
ceci : c'est que toute chose qui est plus grande qu'une
autre n'est plus grande que par la grandeur, et que les
choses plus petites ne sont plus petites que par la petitesse,
la petitesse étant la cause véritable de ce qu'elles sont plus
petites. Voilà ce que tu dirais, dans la crainte, j'imagine,
de te heurter à quelque objection : car si tu disais qu'un
homme est plus grand ou plus petit de la tête, on pourrait
te répondre d'abord que c'est la même chose qui fait que
le plus grand est plus grand et le plus petit plus petit; et
ensuite que c'est à la hauteur de la tête, qui pourtant par
elle-même est petite, que le plus grand devrait d'être plus
grand : et ce serait en effet un véritable prodige qu'un
homme fût grand par quelque chose de petit. N'aurais-tu
pas cette crainte? — Oui, répondit Cébès en riant. —
Ainsi, reprit Socrate, tu craindrais de dire que si dix sont
plus que huit de deux, c'est à cause de deux; mais tu dirais que dix surpassent huit d'une certaine quantité, à
cause de la quantité, ou bien encore tu dirais que deux
coudées surpassent une coudée, non pas à cause de la
moitié qui s'ajoute, mais à cause de la grandeur, car il y a
même sujet de crainte. — Certainement. — Mais quoi! ne
prendrais-tu pas bien garde de dire que si l'on ajoute un
à un, c'est l'addition qui produit deux, ou que, si on partage un en deux, c'est la division? Ne crierais-tu pas bien
haut que tu ne connais pas d'autre cause de la production
de chaque chose que sa participation à l'essence propre du
genre auquel elle appartient, et que, pour les exemples
cités plus haut, tu ne peux assigner d'autre cause à la production de *deux* que la participation à la *duité*; que tout
ce qui devient *deux* en participe nécessairement, comme
tout ce qui devient un participe de l'unité[1]? Ne rejetterais-

_____

1. Dans ce passage, et dans ce qui suit, Platon accorde une

tu pas les divisions, les additions et autres subtilités de ce genre, laissant de pareilles réponses à de plus habiles que toi; tandis que toi, craignant, comme on dit, ton ombre et ton ignorance, et t'en tenant au principe solide que nous avons posé, tu répondrais comme nous venons de le faire? Et si l'on attaquait ce principe, n'attendrais-tu pas, pour répondre, d'avoir examiné les conséquences qui en dérivent et reconnu si elles s'accordent ou ne s'accordent pas entre elles? Et s'il te fallait en rendre raison, ne le ferais-tu pas en posant un principe plus général, le meilleur qu'il te serait possible, jusqu'à ce que tu fusses arrivé à quelque chose qui te suffise à toi-même; mais tu prendrais bien garde en même temps de tout brouiller, comme font ces disputeurs, en confondant le premier principe avec ceux qui en découlent, pour parvenir à la vérité des choses? C'est là peut-être, il est vrai, ce dont ces disputeurs ne s'occupent et ne se soucient guère : ils sont capables, dans leur sagesse, de mêler tout sans cesser de se plaire à eux-mêmes. Quant à toi, si tu es du nombre des philosophes, tu agiras, je pense, comme je viens de dire. — Très-bien, dirent en même temps Simmias et Cébès.

Échécrate. Par Jupiter! Phédon, ils avaient raison; car il me semble que Socrate s'est exprimé avec une clarté merveilleuse, pour celui-là même qui aurait le moins d'intelligence. — *Phédon.* Sans doute, et ce fut l'avis de tous ceux qui étaient là. — *Échécrate.* Et nous pensons de même, nous qui n'y étions pas, sur le récit que tu nous en fais maintenant. Mais que dit-on après cela?

existence absolue aux nombres; il en fait de véritables réalités intelligibles, distinctes des choses sensibles. Sa doctrine se rapproche beaucoup ici de celle des pythagoriciens, pour qui les nombres étaient les principes de toutes choses. — On ne peut s'empêcher de reconnaître que les critiques d'Aristote contre ces abstractions réalisées (voir surtout la *Métaphysique*) ne soient parfaitement fondées,

L. *Les idées ou essences contraires s'excluent nécessairement, et ne*
peuvent coexister dans le même objet.

Phédon. Il me semble qu'après qu'on lui eut accordé ce
qui précède, et qu'on fut tombé d'accord avec lui que chacune des idées existe en soi, et que c'est de leur participation avec elles que les autres objets tirent leur dénomination, il continua ainsi ses interrogations : Si ton principe
est vrai, quand tu dis que Simmias est plus grand que
Socrate, mais plus petit que Phédon, n'affirmes-tu pas par
là que dans Simmias se trouvent en même temps la grandeur
et la petitesse? — Oui, répondit Cébès. — Mais tu reconnais
aussi que cette proposition : Simmias est plus grand que
Socrate, n'est pas vraie dans les termes où on l'exprime?
Car il n'est pas dans la nature de Simmias d'être plus grand,
et il ne l'est pas parce qu'il est Simmias, mais par la grandeur qu'il possède accidentellement. Et de même, il n'est
pas plus grand que Socrate parce que Socrate est Socrate,
mais parce que Socrate a la petitesse en comparaison de
la grandeur de Simmias. — Cela est vrai. — De même,
Simmias n'est pas plus petit que Phédon parce que Phédon est Phédon, mais parce que Phédon a la grandeur en
comparaison de la petitesse de Simmias. — Assurément. —
Ainsi Simmias reçoit à la fois la dénomination de grand
et de petit, surpassant la petitesse de l'un par la supério-
rité de sa grandeur et reconnaissant à l'autre une grandeur
qui surpasse sa petitesse.

Et en même temps se mettant à sourire: J'ai l'air, dit-il,
de m'exprimer avec l'exactitude d'un greffier; et pourtant
la chose est comme je le dis. — Cébès en convint. — Et
je m'exprime avec cette précision minutieuse parce que je
voudrais te voir de mon avis. Car il me semble que non-
seulement la grandeur ne peut jamais être en même temps
grande et petite, mais encore que la grandeur qui est en
nous ne reçoit jamais la petitesse et ne peut être surpassée;
en effet, de deux choses l'une : ou elle s'enfuit et se retire
à l'approche de son contraire, la petitesse, ou, quand
celle-ci est arrivée, la grandeur périt[1]; mais jamais, si elle

1. Les abstractions prennent des sympathies, des antipathies;
elles agissent et se meuvent comme de véritables personnes. —

demeure et reçoit la petitesse, elle ne consentira pour cela
à être autre chose qu'elle n'était : ainsi moi, par exemple,
après avoir reçu la petitesse, je suis le même qu'auparavant, mais je suis le même petit : tandisque la grandeur ne
peut jamais être grande et petite ; de même la petitesse qui
est en nous ne voudra jamais devenir ni être grandeur ; et,
en général, aucun des contraires, tout le temps qu'il est
ce qu'il était, ne deviendra ni ne sera en même temps son
contraire, mais il se retire ou périt à l'arrivée de celui-ci.
—Je pense absolument de même, dit Cébès.

LI. *Réponse à une objection : bien que les contraires s'excluent, le même objet peut les recevoir successivement.*

Alors quelqu'un des assistants, je ne me rappelle plus
bien lequel, dit à Socrate : Par les dieux ! n'avons-nous
pas admis tout à l'heure le contraire de ce que tu dis maintenant ? N'as-tu pas établi que le plus grand naît du plus
petit, et le plus petit du plus grand, qu'en un mot les
contraires naissent de leurs contraires ? Et maintenant tu
me sembles dire que cela ne peut jamais arriver.

Socrate ayant penché la tête pour entendre : Tu as fort
bien fait de nous rappeler ce que nous avons dit ; mais tu
ne vois pas la différence qui existe entre ce que nous
disons maintenant et ce qui a été dit précédemment. Nous
disions alors qu'une chose naît de son contraire : nous
disons maintenant qu'un contraire, pris en soi, ne devient
jamais son propre contraire, ni en nous ni dans la nature.
Alors, mon ami, nous parlions des choses qui ont des contraires, et nous leur en donnions le nom ; maintenant,
nous parlons de ces contraires mêmes[1], qui, par leur présence, donnent leur nom aux choses dans lesquelles ils se

Pures métaphores, dira-t-on. — Soit : il n'en est pas moins
vrai que le langage trahit ici le vice de la doctrine.

1. Les contraires, considérés en eux-mêmes, et dans leur
réalité métaphysique, ne peuvent jamais naître l'un de l'autre ;
car ils ne sont pas soumis à la loi de la génération et du changement ; ils sont, comme toutes les essences, éternels et immuables : de toute éternité, par exemple, la grandeur exclut la
petitesse, et réciproquement. Mais, dans l'ordre des réalités
sensibles, une chose petite peut se transformer en une chose
grande, ou inversement : non que la petitesse devienne la gran-

trouvent : et c'est d'eux que nous disons qu'ils ne peuvent naître l'un de l'autre.

Et en parlant ainsi, il regardait Cébès : Eh bien! Cébès, lui dit-il, l'objection qu'on vient de nous faire ne t'a-t-elle pas un peu troublé? — Non, répondit Cébès : je ne veux pourtant pas dire qu'il n'y ait pas beaucoup de choses qui me troublent.—Ainsi, poursuivit Socrate, le point précis sur lequel nous sommes d'accord, c'est que jamais un contraire ne sera son propre contraire à lui-même. — Oui, dit Cébès.

LII. *Deux choses, sans être contraires, s'excluent, lorsque chacune d'elles implique une essence contraire à celle de l'autre.*

— Vois encore si tu partageras mon opinion sur ceci : y a-t-il quelque chose que tu appelles le chaud et quelque chose que tu appelles le froid? — Sans doute. — Est-ce la même chose que la neige et le feu? — Non, assurément.— Le chaud est-il donc autre chose que le feu, et le froid autre chose que la neige? — Certainement. — Mais tu trouveras, je pense, que, d'après ce que nous disions tout à l'heure, la neige, en tant que neige, quand elle a reçu le chaud, ne peut être encore ce qu'elle était ; mais, à l'approche du chaud, il faut, ou qu'elle se retire, ou qu'elle périsse? — Cela est nécessaire. — Et le feu aussi, à l'approche du froid, doit se retirer ou périr? car il ne pourra jamais, après avoir reçu le froid, être encore ce qu'il était? — Tu dis vrai, répondit Cébès. — On peut donc dire, poursuivit Socrate, de quelques-unes de ces choses, que non-seulement l'idée en elle-même doit toujours garder le nom qui lui est propre, mais encore que ce nom convient aussi pour quelque autre objet qui n'est pas l'idée elle-même, mais qui en a la forme tant qu'il persiste. Quelques exemples éclairciront ce que je dis. L'impair doit toujours avoir le même nom, n'est-ce pas? — Sans doute. — Or, je te le demande : est-ce la seule chose qui doive toujours avoir ce nom? ou y a-t-il quelque autre chose qui ne soit pas l'impair, mais qu'on doive toujours aussi, outre le nom qui lui est propre, appeler l'impair, parce qu'il est dans sa nature d'être toujours accompagnée par l'impair?

deur, mais parce que la même chose peut participer successivement aux deux essences contraires.

tel est, par exemple, le nombre trois et plusieurs autres. Mais ne considérons que celui-là. Ne trouves-tu pas que le nombre trois doit toujours être appelé du nom qui lui est propre, et en même temps du nom d'impair, quoique l'impair ne soit pas la même chose que le nombre trois? Cependant, telle est la nature de ce nombre, du nombre cinq, et de toute la moitié des nombres, que quoique chacun d'eux ne soit pas ce qu'est l'impair, il est pourtant toujours impair. Il en est ainsi du nombre deux, du nombre quatre et de l'autre moitié des nombres, dont chacun, sans être la même chose que le pair, est cependant toujours pair. N'en tombes-tu pas d'accord? — Le moyen de ne pas l'accorder? — Considère maintenant ce que je veux démontrer. C'est qu'il paraît que non-seulement ces contraires ne peuvent se recevoir mutuellement, mais encore que toutes les autres choses qui, sans être contraires entre elles, ont pourtant toujours des contraires, ne semblent pas pouvoir recevoir l'idée ou l'essence contraire à celle qu'elles ont, mais dès que cette essence contraire s'approche, elles périssent ou se retirent. Ne disons-nous pas, par exemple, que le nombre trois périra ou éprouvera tout au monde plutôt que de supporter de devenir pair en restant trois? — Certainement, dit Cébès. — Cependant, dit Socrate, le deux n'est pas contraire au trois? — Non sans doute. — Ce ne sont donc pas seulement les idées ou essences contraires qui ne peuvent supporter leur approche mutuelle, mais il y a encore d'autres choses qui ne peuvent subir l'approche des contraires. — Assurément.

LIII. *Développement de la proposition précédente par des exemples empruntés aux nombres.*

— Veux-tu, poursuivit Socrate, que nous déterminions, si nous le pouvons, quelles sont ces choses? — Je le veux bien. — Ne serait-ce pas celles, ô Cébès! qui, quel que soit l'objet dans lequel elles se trouvent, le forcent à retenir non-seulement l'idée qui lui est essentielle, mais encore l'idée d'un certain contraire? — Comment dis-tu? — Ce que nous disions tout à l'heure. Tu sais bien que tout objet où se trouvera l'idée de trois devra non-seulement demeurer trois, mais aussi demeurer impair. — Sans doute. — Eh bien! nous disons que dans un objet tel que celui-là ne peut jamais entrer une idée contraire à la forme qui le constitue. — Non, jamais. — Or cette forme, c'est l'impair? — Oui. — Et l'idée contraire à l'idée de l'impair, c'est celle du pair? — Oui. — L'idée du pair ne se trouvera donc jamais dans le trois? — Non. — Le trois ne peut donc participer du pair? — Non. — Car le trois est impair. — Certes. — Voilà donc ce que je voulais déterminer, à savoir les choses qui, sans être contraires à une autre, l'excluent pourtant; comme ici le trois, qui, sans être contraire au pair, ne l'admet pas pour cela, car il apporte toujours avec lui quelque chose qui est contraire au pair; de même le deux apporte toujours quelque chose de contraire à l'impair, le feu au froid; et plusieurs autres choses pareillement. Vois donc si tu n'admets pas cette proposition : Non-seulement le contraire ne reçoit pas son contraire, mais encore tout ce qui apporte avec soi un contraire, quelle que soit la chose à laquelle il se communique, ne recevra jamais le contraire de ce qu'il apporte avec soi. Revenons sur ce point, car il n'est pas mauvais d'entendre cela plusieurs fois. Le cinq ne recevra pas l'idée du pair; ni le dix, qui est le double, l'idée de l'impair, et ce double lui-même, bien qu'il soit le contraire d'autre chose que de l'impair, ne recevra pourtant pas l'idée de l'impair; pas plus que un et demi ni la moitié, ni tout ce qui tient de la moitié, ni le tiers, ni toutes les autres fractions ne recevront l'idée de l'entier, si du moins tu me suis et demeures d'accord avec moi. — J'en demeure d'accord, dit Cébès, et je te suis parfaitement.

LIV. *L'âme, qui a pour essence la vie, et qui l'apporte partout avec elle, ne recevra jamais le contraire de la vie, qui est la mort.*

—Maintenant reprenons notre démonstration et réponds-moi. Et ne me fais pas des réponses identiques à mes questions, mais différentes, comme je vais t'en donner l'exemple. Je veux dire qu'outre la manière de répondre dont nous avons parlé d'abord, et qui est sûre, ce que nous venons de dire m'en fait apercevoir une autre également sûre. En effet, si tu me demandais ce qui, dans une chose, fait qu'elle est chaude, je ne te ferais pas cette réponse aussi sûre qu'ignorante, que c'est la chaleur. Mais d'après ce que nous venons de dire, je te ferais cette réponse plus savante, que c'est le feu. Et si tu me demandes ce qui, dans le corps, fait qu'il est malade, je ne te répondrai pas que c'est la maladie, mais la fièvre ; et si tu me demandes ce qui, dans le nombre, fait qu'il est impair, je ne te répondrai pas que c'est l'imparité, mais l'unité. Et ainsi du reste. Vois si tu as compris suffisamment ce que je veux. — Parfaitement, dit Cébès. — Réponds-moi donc, poursuivit Socrate. Qu'est-ce qui, dans le corps, fera qu'il est vivant? — L'âme, dit Cébès. — En est-il toujours ainsi? — Comment en serait-il autrement? — Donc partout où entre l'âme, elle y apporte toujours la vie? — Oui, certes. — Y a-t-il quelque chose de contraire à la vie, ou n'y a-t-il rien? — Oui, il y a quelque chose.— Quoi? — La mort. — L'âme ne recevra donc jamais ce qui est contraire à ce qu'elle apporte toujours avec elle? C'est une conséquence nécessaire de nos principes. — Tout à fait nécessaire, dit Cébès.

LV. *L'âme est par nature et par essence absolument impérissable.*

— Mais quoi ! ce qui ne reçoit pas l'idée du pair, comment l'avons-nous appelé tout à l'heure? — L'impair. — Et comment appelons-nous ce qui ne reçoit pas la justice, ce qui ne reçoit pas l'harmonie? — L'injuste et l'inharmonique. — Soit. Et ce qui ne reçoit pas la mort, comment l'appelons-nous? — Immortel. — Mais l'âme ne reçoit point la mort. — Non. — L'âme est donc quelque chose d'immortel? — Oui. — Eh bien! poursuivit Socrate, dirons-nous que cela est démontré? Que t'en semble? — Cela est très-suffisamment démontré, Socrate. — Quoi donc, dit-il, ô Cébès! si c'était une nécessité pour l'impair d'être impérissable, le trois ne le serait-il pas aussi? — Comment en serait-il autrement? — Et si ce qui n'est pas chaud était aussi nécessairement impérissable, toutes les fois que quelqu'un approcherait la chaleur de la neige, la neige ne subsisterait-elle pas intacte et sans se fondre? Car elle ne périrait pas, et, résistant à la chaleur, elle ne la

recevrait pas. — Très-vrai. — Et de même, selon moi, si
ce qui n'est point susceptible de froid était impérissable,
toutes les fois que quelque chose de froid s'approcherait
du feu, il ne disparaîtrait pas, il ne périrait pas, mais il se
retirerait sans souffrir aucun dommage. — Nécessairement.
— Il faut donc nécessairement aussi, continua Socrate,
dire la même chose de ce qui est immortel. Si ce qui est
immortel est aussi impérissable, il est impossible que
l'âme, quand la mort approche d'elle, périsse et soit anéantie; car, d'après ce que nous avons dit précédemment,
l'âme ne recevra jamais la mort, elle ne sera jamais morte,
de même que le trois ni l'impair ne seront jamais pairs, de
même que le feu, ni la chaleur qui est dans le feu, ne
seront jamais froids. Mais, dira-t-on, tout en admettant,
comme nous en sommes convenus, que l'impair ne puisse
devenir pair par l'arrivée de celui-ci, qui empêche que
l'impair venant à périr, le pair ne lui succède? À qui nous
ferait cette objection nous ne pourrions répondre que l'impair ne périt point; car l'impair n'est pas impérissable.
Mais si nous l'avions trouvé tel, nous pourrions soutenir
aisément qu'à l'arrivée du pair l'impair et le trois se reti-
reraient sans dommage; et nous soutiendrions la même
chose du feu, du chaud et des autres choses semblables:
n'est-ce pas? — Assurément. — Et ainsi donc, quant à
l'immortel dont nous parlons maintenant, si nous convenons qu'il est impérissable, il faudra que l'âme soit non-
seulement immortelle, mais impérissable; si nous n'en
convenons pas, il faut chercher une autre preuve. — Cela
n'est pas nécessaire, dit Cébès: car rien n'échapperait à la
destruction, si ce qui est immortel et éternel pouvait être
détruit.

LVI. *Confirmation de la doctrine précédente.*
Fin de la discussion.

— Que Dieu, poursuivit Socrate, que l'idée et l'essence de
la vie, et s'il y a encore quelque autre chose d'immortel,
que tout cela ne puisse jamais périr, c'est ce que tout le
monde reconnaîtra. — Par Jupiter! dit Cébès, tous les
hommes en conviendront, et les dieux, je pense, bien plus
encore. — Or, puisque l'immortel est impérissable, comment l'âme, si elle est immortelle, ne serait-elle pas aussi

impérissable[1]? — Il est nécessaire qu'elle le soit. — Lors donc que la mort s'approche de l'homme, ce qu'il y a en lui de mortel meurt, à ce qu'il semble; ce qu'il y a d'immortel et d'indestructible se retire intact, et cède la place à la mort. — Il paraît. — Ainsi donc ô Cébès! plus que toute autre chose, l'âme est immortelle et impérissable; et nos âmes existeront réellement dans l'autre monde. — Je n'ai rien à dire contre cela, Socrate, je n'ai aucune raison de ne pas croire à tes preuves; mais si Simmias ou quelque autre a des objections à proposer, il fera fort bien de ne pas se taire; car je ne vois pas quelle meilleure occasion il pourrait attendre pour parler ou s'instruire sur ces questions. — Ni moi non plus, dit Simmias; je n'ai aucun motif de ne pas me rendre à la démonstration qui vient d'être faite; mais la grandeur d'un tel sujet, et la défiance que m'inspire la faiblesse humaine, me laissent encore malgré moi quelques doutes. — Non-seulement, Simmias, ce que tu dis là est bien dit, reprit Socrate, mais quelque dignes de foi que vous paraissent nos principes fondamentaux, vous devez cependant les examiner encore avec plus de soin; et quand vous les aurez bien médités, vous serez convaincus par ces preuves, autant que des hommes peuvent l'être; et quand cette conviction sera complète, vous ne chercherez rien au delà. — Cela est vrai, dit Cébès.

LVII. *Commencement du mythe sur la destinée de l'âme après cette vie. Arrivée des âmes au lieu du jugement.*

—Mais, mes amis, ce qu'il est juste de penser, c'est que, si l'âme est immortelle, il faut en prendre soin, non-seulement pour le temps que nous appelons le temps de la vie, mais encore pour l'éternité; et il nous paraîtra sans doute maintenant que négliger son âme, c'est s'exposer à un terrible danger : car, si la mort était la destruction de l'homme entier, ce serait un trop grand profit pour les méchants, à leur mort, d'être délivrés à la fois de leur corps et, avec leur âme, de leur méchanceté; mais puisque

1. Ἀθάνατον, ἀδιαφθορόν: le mot ἀδιαφθορόν a la même signification que ἀνώλεθρος et veut dire : qui est par nature absolument impérissable. Voyez plus haut la note 1, p. 46.

l'âme nous paraît immortelle, il n'y a pour elle d'autre moyen d'éviter les maux qui l'attendent, il n'y a d'autre salut que de devenir aussi vertueuse et aussi sage que possible. En effet, l'âme se rend dans l'autre monde n'ayant avec elle que les connaissances et les habitudes acquises ici-bas, et qui, dit-on, rapportent au mort de grands biens ou de grands maux dès les premiers instants de son voyage. On dit, en effet, que lorsque quelqu'un est mort, le même génie que le sort avait chargé de le diriger pendant sa vie le conduit dans un certain lieu[1] où les morts doivent se rassembler pour être jugés et aller ensuite dans l'autre monde avec le même conducteur qui a reçu l'ordre de les conduire d'ici-bas jusque-là. Après avoir reçu là les traitements qu'ils ont mérités et y être demeurés tout le temps prescrit, un autre conducteur les ramène en cette vie au bout de nombreuses et longues périodes d'années. Ce chemin n'est pas tel que le dit Télèphe dans Eschyle, car il prétend que le chemin qui conduit à l'autre monde est simple; or, il ne me paraît ni simple ni unique : s'il l'était, on n'aurait aucun besoin de guides, car personne ne peut se tromper de chemin quand il n'y en a qu'un. Il semble, au contraire, qu'il y a beaucoup de traverses et de nombreux détours : c'est ce qu'on peut conjecturer d'après nos sacrifices et nos pratiques religieuses. L'âme tempérante et sage suit volontiers son conducteur et n'ignore pas ce qui l'attend; mais celle que ses passions attachent au corps, comme je le disais tout à l'heure, en reste longtemps éprise, ainsi que du monde, et ce n'est qu'après beaucoup de résistances et de souffrances, par force et avec peine, qu'elle est entraînée par le génie qui en a reçu la mission. Quand elle est arrivée au lieu de réunion des autres âmes, si elle est impure, si elle s'est souillée de meurtres, d'injustices ou autres choses semblables que de pareilles âmes peuvent seules commettre, toutes les autres la fuient et se détournent d'elle : nulle ne veut être sa compagne ni sa conductrice, et elle erre sans secours ni ressource, jusqu'à ce qu'après une certaine période de temps la nécessité l'entraîne dans la demeure qui lui con-

1. Ce lieu est appelé dans le *Gorgias* la *Prairie*, et dans l'*Axiochus* le *champ de la Vérité*. Il en est aussi question dans le mythe de la *République*.

4.

vient. Mais celles qui ont vécu dans la pureté et la tempérance trouvent les dieux comme compagnons et comme guides, et chacune va habiter le lieu qui lui a été assigné.

LVIII. *Existence de la terre d'en haut. Ce qu'elle est par rapport au séjour d'ici-bas.*

En effet, la terre a bien des lieux différents et admirables, et elle-même n'a ni l'aspect ni les dimensions que se le figurent ceux qui ont coutume de la décrire : c'est, du moins, ce que j'ai entendu dire à quelqu'un. — Alors Simmias : Comment dis-tu, Socrate? J'ai aussi entendu dire beaucoup de choses de la terre, mais ce ne sont pas celles que tu admets : je t'entendrais là-dessus avec plaisir. — Il n'est pas nécessaire, Simmias, d'avoir l'art de Glaucus[1] pour t'en faire un simple récit; mais t'en prouver la vérité est plus difficile et surpasse, selon moi, tout l'art de Glaucus. Peut-être aussi ne suis-je pas capable de tenter une telle entreprise; et quand je le serais, le peu qui me reste à vivre ne me permet pas d'entamer un si long discours. Quant à te représenter la forme de la terre et ses différents lieux, selon l'idée que je m'en fais, rien ne m'empêche de l'essayer. — Cela nous suffira, dit Simmias. — Je suis donc tout d'abord persuadé, reprit Socrate, que si la terre est au milieu du ciel et de forme sphérique, elle n'a nul besoin ni de l'air ni de quelque autre appui matériel pour l'empêcher de tomber : il suffit, pour la soutenir, que le ciel soit partout de même substance et l'environne également de tous côtés et qu'elle-même soit en équilibre : car toute chose qui est en équilibre au milieu d'une substance homogène ne pourra pencher d'un côté plus que d'un autre, et demeurera par conséquent fixe et immobile. Voilà de quoi je suis tout d'abord persuadé. — Et avec raison, dit Simmias. — Je crois de plus, poursuivit Socrate, que la terre est très-grande et que nous n'en habitons, depuis le Phase jusqu'aux Colonnes d'Hercule, qu'une partie très-petite, répandus autour de la mer

1. « *Avoir besoin de l'art de Glaucus,* » proverbe pour exprimer une chose difficile. Glaucus était, à ce qu'on croit, un habile ouvrier en fer. » (Cousin.)

comme des fourmis et des grenouilles autour d'un marais;
et je pense qu'il y a ailleurs beaucoup d'autres peuples qui
habitent des lieux semblables, car partout, sur la surface
de la terre, il y a des cavités de toutes formes et de toutes
grandeurs où se rassemblent les eaux, les nuages et l'air.
Quant à la terre elle-même, elle s'élève pure dans ce ciel
pur où sont les astres, et que la plupart de ceux qui ont
l'habitude de s'occuper de ces matières appellent l'éther,
dont le résidu, s'écoulant sans cesse dans les cavités, forme
ces éléments dont nous venons de parler : l'air, les nuages
et les eaux. Nous sommes plongés dans ces creux sans
nous en douter, et nous croyons habiter le haut de la terre.
Supposons quelqu'un qui, demeurant au fond de l'Océan,
croirait habiter au-dessus de la mer, et qui, pour voir au
travers de l'eau le soleil et les autres astres, s'imaginerait
que la mer est le ciel; supposons que, ne s'étant jamais
élevé jusqu'à la surface, à cause de sa pesanteur et de sa
faiblesse, n'ayant jamais mis la tête hors de l'eau, il n'eût
pas vu par lui-même combien le lieu que nous habitons est
plus pur et plus beau que celui qu'il habite, et n'eût ren-
contré personne qui pût le lui apprendre : voilà, à peu
près, quelle est notre condition. Nous sommes enfermés
dans quelque creux de la terre et nous croyons en habiter
la surface; nous appelons l'air le ciel, comme si c'était là
le véritable ciel dans lequel les astres accomplissent leurs
révolutions. La cause en est aussi que notre faiblesse et
notre pesanteur nous rendent incapables de nous élever
jusqu'au-dessus de l'air : car si quelqu'un pouvait aller
jusqu'en haut, ou prendre des ailes pour s'y élever, dès
qu'il aurait mis la tête hors de cet air grossier, il verrait
les merveilles de ces régions supérieures, comme les pois-
sons, en sortant la tête hors de l'eau, voient ce qui se passe
parmi nous; et si sa nature était capable de supporter un
tel spectacle, il connaîtrait que c'est là le véritable ciel, la
véritable lumière, la véritable terre : car cette terre, ces
pierres et tous les lieux d'ici-bas sont corrompus et rongés,
comme l'est, par l'âcreté des sels, tout ce qui se trouve
dans la mer. Aussi peut-on dire que dans la mer il ne naît
rien de précieux, rien de parfait : ce ne sont que des ca-
vernes, du sable, et, partout où il y a de la terre, une boue
et une vase profondes; rien qui puisse être comparé aux

beautés que nous avons ici. Mais ce qu'on trouve là-haut
paraîtrait encore bien plus au-dessus de ce qui existe dans
notre séjour. Et sur les merveilles de cette terre, située
immédiatement au-dessous du ciel, je vais, Simmias, te
dire une belle fable qui mérite d'être écoutée. — Et nous,
Socrate, dit Simmias, nous écouterons ta fable avec plaisir.

LIX. *Description de la terre d'en haut. Vie des bienheureux.*

—On raconte d'abord, mon ami, poursuivit Socrate, que
la terre, si on la regarde d'en haut, paraît comme un de
ces ballons formés de douze bandes de peau de différentes
couleurs. Elle est ainsi revêtue de couleurs diverses dont
celles qu'emploient ici-bas nos peintres ne sont que des
échantillons. Celles de la terre d'en haut sont beaucoup
plus brillantes et plus pures; elles la recouvrent tout entière. L'une est de pourpre et d'une beauté merveilleuse;
l'autre a l'aspect de l'or; une autre est plus blanche que
le gypse ou la neige : et ainsi des autres couleurs qui l'en-
vironnent, et qui sont plus nombreuses et plus belles que
toutes celles que nous avons jamais vues. Les creux même
de cette terre, remplis d'eau et d'air, ont aussi leur couleur
propre qui brille au milieu de la variété des autres; de
sorte que l'aspect de cette terre présente dans toute son
étendue une diversité continuelle. Dans cette terre si merveilleuse naissent des productions qui sont en rapport avec
elle, arbres, fleurs et fruits; les montagnes même, les
pierres, ont, selon le même rapport, un poli, une transpa-
rence et des couleurs plus belles qu'ici-bas; ce que nous
regardons comme des pierres précieuses, les cornalines,
les jaspes, les émeraudes, n'en sont que de petites parcelles.
Il n'y en a pas une seule, dans la terre supérieure, qui ne
leur ressemble, ou ne soit plus belle encore, et la cause
en est que là les pierres sont pures, qu'elles ne sont ni
rongées ni gâtées comme celles d'ici-bas par les sédiments
qui s'accumulent dans nos régions et qui remplissent de
corruption et de maladies nos pierres, notre terre, nos
animaux et nos plantes. Outre toutes ces merveilles, cette
terre est encore ornée d'or, d'argent, et d'autres métaux
semblables; répandus de tous côtés sur sa surface, en grande

abondance, ils font de là vue de ce séjour un spectacle de
bienheureux. Là sont aussi des animaux nombreux et
divers, et des hommes, dont les uns habitent au milieu
des terres et les autres autour de l'air, comme nous autour
de la mer ; d'autres enfin dans des îles qui sont près du con-
tinent et sont entourées par l'air ; en un mot, l'air est là-
haut ce que l'eau et la mer sont ici-bas pour notre usage;
et l'éther est pour eux ce que l'air est pour nous. Leurs
saisons sont si bien tempérées, qu'ils sont à l'abri des maladies et vivent beaucoup plus longtemps que nous; et
pour la vue, l'ouïe, l'odorat, et les autres sens, ils sont
autant au-dessus de nous que l'air surpasse l'eau en pureté
et que l'éther surpasse l'air. Ils ont des temples, des sanc-
tuaires que les dieux habitent réellement ; des oracles, des
prophéties, des apparitions, et autres témoignages des rapports familiers qui les unissent aux dieux; ils voient aussi
le soleil, la lune et les astres tels qu'ils sont, et tout le
reste de leur félicité suit à proportion.

LX. *Description des régions infernales. Le Tartare.*

Telle est la terre dans son ensemble, et telles sont les
choses qui l'entourent; mais sur toute sa circonférence, et
dans les cavités qu'elle contient, s'ouvrent plusieurs ouvertures, dont les unes sont plus larges et plus profondes que
le pays que nous habitons, les autres plus profondes, mais
moins larges, d'autres, enfin, de profondeur moindre, mais
d'une plus grande largeur. Tous ces lieux sont percés sous
la terre en plusieurs points, et communiquent entre eux
par des canaux, les uns plus larges, les autres plus étroits,
par lesquels coulent, comme dans des bassins, de grandes
quantités d'eau, des masses immenses de fleuves souterrains qui sont inépuisables; des sources d'eaux froides et
d'eaux chaudes; de nombreux et larges fleuves de feu,
d'autres de boue, tantôt plus liquide, tantôt plus fangeuse,
comme en Sicile ces torrents de boue qui précèdent la
lave, et la lave elle-même. Ces lieux se remplissent de
l'une ou l'autre de ces matières, selon la direction qu'elles
suivent chaque fois qu'elles accomplissent leur parcours.
Toutes ces masses se meuvent en haut et en bas, comme
si un vase immense était suspendu et oscillait dans l'inté-

rieur de la terre. Voici à peu près quelle est la nature de ce mouvement d'oscillation : parmi les ouvertures de la terre il en est une, la plus grande de toutes, qui traverse la terre de part en part; c'est celle dont parle Homère, quand il dit :

Bien loin, là où sous la terre est l'abîme le plus profond[1],

et que lui-même ailleurs, et beaucoup d'autres poëtes, ont appelée Tartare. C'est dans cette ouverture que se rendent et c'est de là que s'écoulent de nouveau tous les fleuves qui chacun deviennent semblables à la terre qu'ils traversent. La cause de cet écoulement alternatif en sens contraire, c'est que le liquide ne trouve là ni fond ni appui; il s'élève et s'abaisse par une sorte de flux et de reflux; l'air et le vent font de même tout à l'entour, et suivent tous ses mouvements, et lorsqu'il monte vers la terre supérieure, et lorsqu'il redescend vers nos régions; et de même que dans la respiration l'air entre et sort continuellement, de même dans le Tartare l'air, entraîné avec le liquide, produit en entrant et en sortant des vents terribles et d'une violence inouïe. Quand donc, s'élançant avec force, les eaux arrivent dans le lieu qu'on appelle le lieu inférieur, elles circulent à travers la terre dans les canaux dont nous avons parlé plus haut, et les remplissent comme avec une pompe; et lorsqu'elles abandonnent ces lieux et s'élancent vers les nôtres, elles les remplissent pareillement; le trop-plein s'écoule par des conduits souterrains, vers des endroits différents, selon le parcours de chacun d'eux, et forme les mers, les étangs, les fleuves et les fontaines. De là, plongeant de nouveau sous la terre, et parcourant des espaces tantôt plus nombreux et plus longs, tantôt moins nombreux et plus courts, elles se jettent dans le Tartare, les unes beaucoup plus bas, d'autres seulement un peu plus bas, mais toutes plus bas que l'endroit d'où elles sont sorties. Quelques-unes retombent du côté opposé à leur issue, quelques autres, du même côté; il en est dont le parcours est tout à fait circulaire, qui se replient une ou plusieurs fois autour

---

1. *Iliade*, chant VIII, v. 14.

de la terre, comme des serpents, et descendant aussi bas qu'elles peuvent, se jettent de nouveau dans le Tartare. Elles peuvent descendre de chaque côté jusqu'au milieu, mais pas au delà; car pour aboutir à un autre point du Tartare, les courants, de part et d'autre, doivent remonter.

LXI. *Suite de la descriptiom des régions infernales. Les fleuves des enfers.*

Il y a un grand nombre de courants, fort grands, et de différentes espèces; mais il y en a quatre principaux, dont le plus grand, et qui coule le plus extérieurement tout autour de la terre, est celui qu'on appelle l'Océan. En face de lui, et coulant en sens contraire, est l'Achéron, qui traverse des lieux déserts, s'enfonce sous la terre, et se rend au marais Achérusiade, où se réunissent les âmes de la plupart des morts; celles-ci, après y avoir séjourné le temps fixé par le destin, les unes plus, les autres moins, sont renvoyées sur la terre pour y animer de nouveaux corps. Un troisième fleuve coule entre les deux premiers, et près de sa source il tombe dans un lieu vaste, tout plein de feu, et y forme un marais plus grand que notre mer, où l'eau bouillonne avec la boue. Il en sort trouble et fangeux, et continuant autour de la terre son cours circulaire, il traverse plusieurs régions, et se rend à l'extrémité du marais Achérusiade, sans se mêler avec ses eaux; puis, après avoir fait plusieurs tours sous la terre, il se jette à l'endroit le plus bas du Tartare. C'est ce fleuve qu'on appelle le Puriphlégéton, dont les ruisseaux enflammés déchirent l'écorce de la terre partout où ils peuvent s'ouvrir une issue. Du côté opposé, un quatrième fleuve tombe, dit-on, dans un lieu affreux et sauvage, et qui est tout entier d'une couleur bleuâtre. On appelle ce lieu Stygien, et Styx le lac que forme le fleuve en tombant. Après avoir pris dans les eaux de ce lac des vertus horribles, le fleuve plonge dans la terre, y fait plusieurs tours, et coulant dans un sens contraire à celui du Puriphlégéton, il le rencontre dans le marais Achérusiade, par l'extrémité opposée. Ses eaux ne se mêlent à celles d'aucun autre fleuve, et après un cours circulaire il se jette dans le Tartare, par l'endroit opposé au Puriphlégéton.

Le nom de ce fleuve, à ce que disent les poëtes, est le Cocyte.

LXII. *Différents supplices des âmes coupables dans les enfers.*

Telles sont les régions infernales. Quand les morts sont arrivés dans le lieu où le génie conduit chacun d'eux, un jugement sépare d'abord ceux qui ont mené une vie juste et sainte de ceux dont la vie fut coupable et impie. Ceux qui sont trouvés n'avoir vécu ni tout à fait innocents ni tout à fait criminels se rendent vers l'Achéron; là, ils s'embarquent sur des nacelles, et sont ainsi portés au lac Achérusiade, où ils habitent; et après s'être purifiés par le châtiment qu'ils subissent pour les fautes qu'ils ont commises, ils sont délivrés, et reçoivent, chacun selon son mérite, la récompense de leurs bonnes actions. Ceux qui sont trouvés incurables[1], à cause de la grandeur de leurs fautes, qui ont commis de graves et nombreux sacriléges, ou des meurtres contraires à la justice et à la loi, ou d'autres crimes de même nature, ceux-là, une destinée méritée les précipite dans le Tartare, d'où ils ne sortent jamais. Mais ceux qui sont trouvés avoir commis des fautes réparables, quoique fort grandes, comme de s'être laissés emporter par la colère à quelque violence contre leur père ou leur mère, et qui en ont fait pénitence pendant toute leur vie; ou encore, ceux qui se sont rendus coupables d'homicides sans intentions criminelles, c'est une nécessité qu'ils soient aussi précipités dans le Tartare; mais après y avoir demeuré un an, ils sont rejetés par le flot, les homicides dans le Cocyte, ceux qui ont frappé leur père

1. La croyance à des peines éternelles se trouve plusieurs fois exprimée dans Platon. « Pour ceux qui ont commis les derniers crimes, et qui, pour cette raison, sont incurables, on fait sur eux des exemples. Leur supplice ne leur est d'aucune utilité, parce qu'ils sont incapables de guérison; mais il est utile aux autres, qui contemplent les tourments douloureux et effroyables qu'ils souffrent à jamais pour leurs crimes, en quelque sorte suspendus dans la prison des enfers, et servant tout à la fois de spectacle et d'instruction à tous les criminels qui y abordent sans cesse. » (*Gorgias,* trad. Cousin, t. III, p. 408.) Voir aussi l'admirable récit du supplice infligé au tyran Ardiée. (*République,* trad. Cousin, t. X, p. 283.)

ou leur mère dans le Puriphlégéton : ils sont ainsi entraînés vers le lac Achérusiade, et là, poussant de grands cris, ils appellent, les uns ceux qu'ils ont tués, les autres, ceux qu'ils ont offensés par leurs violences ; ils les prient et les supplient de leur permettre de descendre dans le lac et de les recevoir. S'ils les fléchissent, ils descendent, et leurs maux sont terminés ; sinon, ils sont de nouveau entraînés dans le Tartare, et de là encore dans les autres fleuves, et ce supplice continue jusqu'à ce qu'ils aient fléchi ceux qu'ils ont traités injustement ; car telle est la peine que les juges ont prononcée contre eux. Mais ceux qui sont trouvés avoir passé leur vie dans la plus grande sainteté sont délivrés de ces lieux comme d'une prison, et s'en vont là-haut, dans le pur séjour au-dessus de la terre. Ceux d'entre eux qui ont été suffisamment purifiés par la philosophie vivent sans corps pendant tous les temps qui suivent, et vont dans des demeures encore plus belles que celles des autres ; il n'est pas facile de les décrire, et le peu de temps qui nous reste ne nous le permettrait pas.

LXIII. *Solides motifs d'espérance pour le sage qui va mourir.*

Mais ce que nous venons de dire, Simmias, doit nous déterminer à tout faire pour acquérir en cette vie la vertu et la sagesse ; car le prix de la lutte est beau, et l'espérance est grande. Quant à soutenir que toutes ces choses sont telles que je l'ai rapporté, c'est ce qui ne convient pas à un homme de sens ; que cependant ce que j'ai dit des âmes et de leurs demeures soit comme je viens de l'exposer, ou d'une manière approchante, voilà ce qui me paraît convenable, et mériter en même temps qu'on hasarde d'y croire. C'est un hasard qu'il est beau de courir, ce sont des croyances dont il faut comme s'enchanter soi-même ; et c'est pourquoi je prolonge depuis si longtemps ce récit. Ainsi donc, qu'il ait bon espoir pour son âme, celui qui pendant sa vie a renoncé aux plaisirs et aux soins du corps, comme lui étant étrangers, et ne pouvant qu'être nuisibles ; celui qui a recherché avec ardeur les plaisirs de la science, qui a orné son corps, non d'une parure étrangère, mais de celle qui lui est propre, la tempérance, la justice, le courage, la liberté, la vérité : qu'il attende tranquillement le moment du départ pour l'autre monde. Quant à vous, Simmias et Cébès, et vous autres, vous ferez ce voyage, chacun à votre tour, à un moment déterminé; mais moi, c'est maintenant que le destin m'appelle, comme dirait un poëte tragique, et il est à peu près temps que je me rende au bain, car il me semble qu'il est mieux de ne boire le poison qu'après m'être baigné et d'épargner aux femmes la tâche pénible de laver un cadavre.

LXIV. *Criton demande à Socrate comment on devra l'ensevelir. Réponse de Socrate.*

Quand Socrate eut ainsi parlé, Criton s'adressant à lui : C'est bien, Socrate, lui dit-il; mais qu'as-tu à nous recommander, soit à moi, soit aux autres, à l'égard de tes enfants ou de toute autre chose où nous pourrions t'être agréables? — Ce que je n'ai cessé de vous recommander, Criton, voilà tout : ayez soin de vous-mêmes; c'est ainsi que vous me rendrez service, à moi, aux miens et à vous-mêmes, quand bien même vous ne me feriez maintenant aucune promesse : mais si vous vous négligez vous-mêmes, si vous ne voulez pas vivre en suivant comme à la trace ce que nous venons de dire et ce que nous avons dit dans nos entretiens précédents, vous auriez beau accumuler aujourd'hui les protestations et les promesses, vous n'aboutirez à rien. — Nous ferons tous nos efforts, dit Criton, pour suivre tes conseils, mais comment t'ensevelirons-nous? — Comme vous voudrez, répondit Socrate, si toutefois vous parvenez à me saisir, et que je ne vous échappe pas.

Et nous regardant en même temps avec un sourire plein de douceur : Je ne puis, dit-il mes amis, persuader à Criton que je suis le Socrate qui s'entretient avec vous et dispose avec ordre toutes les parties de son discours; il se figure toujours que je suis celui qu'il va voir mort tout à l'heure, et il me demande comment il doit m'ensevelir. Et tout ce long discours que je vous ai fait pour vous convaincre qu'après avoir bu le poison je ne serai plus au milieu de vous, mais que je m'en irai jouir des félicités des bienheureux, il me paraît que j'ai dit tout cela inutilement pour lui, comme si j'eusse voulu seulement vous consoler et me consoler moi-même. Soyez donc mes cautions auprès de Criton, mais d'une manière toute contraire à celle dont il a répondu pour moi auprès des juges. Car il s'est porté garant que je ne m'en irais pas; vous, répondez pour moi qu'aussitôt après ma mort je m'en irai, afin que Criton prenne mieux les choses, et qu'en voyant brûler ou ensevelir mon corps il ne s'afflige pas sur moi comme si je souffrais des maux cruels, et qu'il ne dise pas à mes funérailles qu'il expose Socrate, qu'il l'emporte ou qu'il l'enterre. Car, sache-le bien, mon cher Criton, parler improprement n'est pas seulement une chose blâmable en soi, mais c'est aussi un mal que l'on fait aux âmes. Il faut avoir meilleur espoir et dire que c'est mon corps que tu enterres; et enterre-le comme tu voudras et de la manière que tu croiras la plus conforme aux lois.

LXV. *On annonce à Socrate que l'heure est venue de prendre le poison. Court entretien de Socrate et du serviteur des Onze.*

En disant ces mots, Socrate se leva et passa dans une autre chambre pour y prendre son bain; Criton le suivit et Socrate nous pria de l'attendre. Nous l'attendîmes donc, tantôt nous entretenant de ce qui avait été dit et l'examinant encore, tantôt parlant du terrible malheur qui allait nous frapper, nous regardant absolument comme des enfants privés de leur père et devant rester orphelins tout le reste de leur vie. Après qu'il fut sorti du bain, on lui amena ses fils, car il en avait trois, deux tout petits [1], un qui était déjà grand [2], et l'on fit entrer les femmes de sa famille. Il leur parla en présence de Criton, leur donna ses ordres, puis il fit sortir les femmes et les enfants et revint près de nous. Déjà le coucher du soleil approchait, car il était resté longtemps enfermé. Quand il fut rentré du bain, il s'assit et ne nous dit plus grand'chose. Car le serviteur des Onze entra peu après, et s'approchant de lui : Socrate, lui dit-il, je n'aurai pas à te faire les mêmes reproches qu'aux autres : quand, sur l'ordre des magistrats, je viens leur annoncer qu'il faut boire le poison, ils

1. Sophroniscus et Menexenus.
2. Lamproclès. C'est lui dont il est question dans le beau chapitre de Xénophon (*Mémoires sur Socrate*, liv. II, chap. 2).

s'emportent contre moi et me maudissent; mais toi, je t'ai toujours trouvé en toute circonstance, et maintenant surtout, le plus courageux, le plus doux et le meilleur de ceux qui sont jamais venus dans cette prison; et je sais bien qu'à cette heure tu ne t'emporteras pas contre moi, mais contre ceux que tu sais être la cause de ta mort. Maintenant, tu n'ignores pas ce que je suis venu t'annoncer; adieu; tâche de supporter le mieux possible ce qui est inévitable.

Et en même temps il se détourna tout en larmes et se retira. — Socrate, le regardant, lui dit : Et toi aussi, adieu; je ferai ce que tu dis. — Puis se tournant vers nous : Quelle honnêteté dans cet homme! nous dit-il; pendant tout le temps que j'ai passé ici, il venait me voir et s'entretenait souvent avec moi; il était le meilleur des hommes, et maintenant comme il me pleure de bon cœur! Mais allons, Criton, obéissons-lui, et qu'on m'apporte le poison, s'il est broyé; sinon, qu'il le broie lui-même. — Mais je pense, Socrate, répondit Criton, que le soleil est encore sur les montagnes; et je sais que beaucoup d'autres ne prennent le poison que longtemps après en avoir reçu l'ordre, qu'ils mangent et boivent abondamment; quelques-uns ont pu revoir les objets de leur amour. Ne te presse donc pas; tu as encore du temps. — Ceux qui font ce que tu dis, Criton, répondit Socrate, croient bien faire; ils s'imaginent que c'est autant de gagné; mais moi je ne ferai pas de même, car en buvant un peu plus tard je ne croirais gagner autre chose que de me rendre ridicule à moi-même, en témoignant tant d'amour pour la vie et en l'épargnant quand il n'y en a plus[1]. Ainsi donc, fais ce que je te dis, et ne cherche pas à me dissuader.

LXVI. *Socrate vide la coupe empoisonnée. Ses dernières paroles. Sa mort.*

A ces mots, Criton fit signe à l'esclave qui se tenait tout près. L'esclave, étant sorti, resta quelque temps et revint avec celui qui devait donner le poison, qu'il portait broyé dans une coupe. — Socrate l'ayant vu : C'est bien, mon

1. Allusion à un vers d'Hésiode (*les Œuvres et les Jours,* v. 367). (*Note de Cousin.*)

ami, lui dit-il; mais, toi qui le sais, apprends-moi ce que je dois faire. — Rien autre chose, lui dit cet homme, que de te promener après avoir bu, jusqu'à ce que tu sentes une pesanteur dans les jambes; à ce moment, couche-toi : le poison agira de lui-même.

En même temps il tendit la coupe à Socrate. Celui-ci la prit avec la plus grande sérénité, Échécrate, sans trembler, sans changer de couleur ni de visage, mais jetant à cet homme un regard oblique[1] comme à son ordinaire : Dis-moi, est-il permis de répandre un peu de ce breuvage pour en faire une libation à quelqu'un? — Socrate, lui répondit cet homme, nous n'en broyons que ce que nous jugeons qu'il est nécessaire d'en boire. — Je comprends, dit Socrate; mais il est permis, il est convenable de prier les dieux pour qu'ils rendent heureux notre voyage : c'est la prière que je leur adresse, et c'est le vœu que je fais.

Après ces paroles, il approcha la coupe de ses lèvres et la vida avec une douceur et une tranquillité parfaites. La plupart de nous avaient pu jusque-là retenir assez facilement leurs larmes; mais quand nous le vîmes boire et que la coupe nous parut vide, il nous fut impossible de nous contenir, et, malgré moi, je me mis à verser des larmes avec tant d'abondance que je me voilai le visage pour pleurer sur moi-même : car ce n'était pas sur le sort de Socrate que je pleurais, mais sur le mien, en songeant quel ami j'allais perdre. Déjà avant moi Criton, qui n'avait pu retenir ses larmes, était sorti. Apollodore n'avait pas cessé de pleurer auparavant; il se mit alors à pousser des cris à fendre le cœur de tous les assistants, excepté de Socrate.

Que faites-vous, dit-il, mes amis? C'était surtout pour éviter ces enfantillages que j'avais renvoyé les femmes, car j'ai toujours entendu dire qu'il faut mourir avec de bonnes paroles. Tenez-vous donc en repos et ayez plus de fermeté.

Ces mots nous firent rougir et nous retînmes nos pleurs. Socrate, qui se promenait, dit que ses jambes devenaient pesantes, et il se coucha sur le dos : l'homme l'avait ainsi ordonné. En même temps, ce même homme qui lui avait donné le poison lui prit les pieds et les jambes et les examina quelque temps; puis, lui serrant fortement le pied,

---

1. Mot à mot, le regardant à la manière d'un taureau.

il lui demanda s'il le sentait : Socrate dit que non. Il lui serra ensuite les jambes, et portant les mains plus haut, il nous fit voir ainsi que le corps se refroidissait et se roidissait; et, le touchant lui-même, il nous dit que lorsque le froid aurait gagné le cœur, alors Socrate aurait cessé de vivre.

Déjà presque toute la région du bas-ventre était froide, quand Socrate se découvrant, car il était couvert : Criton, dit-il, nous devons un coq à Esculape; qu'on n'oublie pas d'acquitter cette dette[1]. — Cela sera fait, dit Criton; mais vois si tu as encore autre chose à nous dire. — A cette question, Socrate ne répondit rien; mais, peu de temps après, il fit un mouvement convulsif; l'homme le découvrit entièrement : ses regards étaient fixes. Criton, s'en étant aperçu, lui ferma la bouche et les yeux.

LXVII. *Fin du récit de Phédon.*

Telle fut, Échécrate, la fin de notre ami, de l'homme, nous pouvons bien le dire, le meilleur de ceux que nous ayons connus en ce temps, et, de tous les hommes, le plus sage et le plus juste.

1. Esculape est le dieu de la médecine. Socrate se considère comme guéri d'une grande maladie, la vie actuelle, et il veut témoigner sa reconnaissance à Esculape.